TOLERÂNCIA ZERO

DAVIDSON ABREU

TOLERÂNCIA ZERO

Como a Teoria das Janelas Quebradas
pode mudar a forma de combater
a criminalidade no país

COPYRIGHT © FARO EDITORIAL, 2021

Todos os direitos reservados.
Nenhuma parte deste livro pode ser reproduzida sob quaisquer meios existentes sem autorização por escrito do editor.

Avis Rara é um selo da Faro Editorial.

Diretor editorial **PEDRO ALMEIDA**
Coordenação editorial **CARLA SACRATO**
Preparação **MONIQUE D'ORAZIO**
Revisão **LAYANE ALMEIDA E VALQUIRIA DELLA POZZA**
Imagens de capa **RUNRUN2 | SHUTTERSTOCK**
Imagens internas **FRANK SCHWICHTENBERG E ANDRE CHARLES**

Dados Internacionais de Catalogação na Publicação (CIP)
Angélica Ilacqua CRB-8/7057

Abreu, Davidson
　　Tolerância zero / Davidson Abreu. — São Paulo : Faro Editorial, 2021.
　　176 p.

　　ISBN 978-65-86041-72-9

　　1. Segurança pública 2. Violência urbana – Combate 3. Crime – Combate I. Título

21-0502　　　　　　　　　　　　　　　　　　CDD 303.62

Índice para catálogo sistemático:
1. Segurança pública

1ª edição brasileira: 2021
Direitos de edição em língua portuguesa, para o Brasil, adquiridos por FARO EDITORIAL.

Avenida Andrômeda, 885 — Sala 310
Alphaville — Barueri — SP — Brasil
CEP: 06473-000
www.faroeditorial.com.br

As opiniões contidas nesta obra não expressam, necessariamente, a posição da instituição Polícia Militar. São de responsabilidade do autor, baseadas em seus estudos, suas experiências,
pesquisas e sua visão de mundo, os quais ele se vê no dever e no
direito de expor a público, sem, contudo, que isso quebre suas
obrigações e seus deveres baseados nos pilares fundamentais da
instituição: a hierarquia e a disciplina.

Sumário

Agradecimentos   9

Apresentação   11

1. A Teoria das Janelas Quebradas   15
2. Consertando as janelas   39
3. *In Brazil*   43
4. Imprensa, a resistência   50
5. Posse e porte de arma de fogo: uma breve história   59
6. O menor de idade   64
7. O sistema penitenciário   68
8. Um país em que o crime compensa   75
9. A questão das drogas   93
10. Os sistemas de polícia brasileiros   107
11. Abuso de autoridade e o Tolerância Zero   118
12. Os Direitos Humanos   123
13. Nas escolas: os princípios da ordem   126
14. Enfrentando as críticas   134
15. Caminhos para o Brasil   150

Conclusão   165

Notas   169

Agradecimentos

Agradeço a Deus por tudo o que nos proporciona. À Faro Editorial, que cede seu espaço democraticamente a diversas posições, dando oportunidade para que o leitor escolha o seu caminho, por ter acreditado neste projeto. Ao doutor Renato dos Santos, que opinou e debateu sobre as questões jurídicas. E a todos os policiais e outros agentes de segurança que arriscam a vida diariamente por vocação e idealismo, na esperança de que aqueles que detêm o poder de decisão façam sua parte.

Apresentação

Em que consiste, na realidade, o sistema de Tolerância Zero?

Onde foi aplicado?

Realmente conseguiu reduzir os índices criminais?

Como poderíamos implantá-lo no Brasil?

Nenhuma dessas questões já foi respondida com profundidade. O que vemos são palavras lançadas sem um estudo concreto; críticos que repetem frases e ideias sem se aprofundar em todo o panorama e processo de implantação desse sistema onde ele foi bem-sucedido: por exemplo, na Nova York dos anos 1990.

De fato, há poucas informações disponíveis sobre o programa que reduziu drasticamente a violência e tornou a metrópole norte-americana um grande polo de turismo. Até mesmo quem busca um melhor entendimento tem dificuldade de encontrar trabalhos traduzidos que apresentem todos os dados resultantes dessa experiência.

A base para o programa de segurança pública mais comentado do mundo foi a "teoria das janelas quebradas", apresentada pela primeira vez no artigo "Broken Windows", de 1982, escrito por George L. Kelling e James Q. Wilson. Essa teoria está na origem do "sistema de Tolerância Zero", cerne do presente trabalho, e sustentou políticas de segurança pública em diversos locais do mundo. Após a experiência da cidade de Nova York contra a criminalidade, Chicago e Houston também tiveram modelos de "choque de segurança", além de outras cidades, cujas experiências descreveremos brevemente em momento oportuno.

Vale notar, além disso, que o livro de criminologia e sociologia urbana que desenvolve a teoria das janelas quebradas, da qual falaremos mais adiante, *Fixing Broken Windows: Restoring Order and Reducing Crime in Our Communities* ["Consertando as janelas quebradas: restaurando a ordem e reduzindo o crime em nossas comunidades", em tradução livre], de George L. Kelling e Catherine Coles, de 1996, nunca foi traduzido e publicado no Brasil.

O panorama é sobre como a cidade de Nova York, em degradação desde o final dos anos 1970, tendo sofrido com a epidemia do crack nos anos 1980 e vendo seus índices de criminalidade saltarem ano a ano, a ponto de ser considerada uma das cidades mais violentas do planeta, reergueu-se e hoje possui o menor índice de homicídios registrado nos últimos setenta anos de sua história. Nova York ganhou em qualidade de vida, viu sua economia dar um salto e se tornou um dos maiores e mais seguros destinos turísticos da atualidade. A resposta para essa conquista está justamente na política de Tolerância Zero, inspirada no artigo "Broken Windows" e implantada na década de 1990, durante o primeiro mandato de Rudolph Giuliani como prefeito.

Para abordar o sistema de Tolerância Zero, ao longo dos próximos capítulos busquei apresentar dados de pesquisas, estatísticas e citações, orientados pela minha experiência de policial militar exposto ao contato diário com a criminalidade e com os anseios da população por segurança.

Todos nós vivemos inconformados com a violência crescente ao longo das últimas décadas em todas as cidades do Brasil, e qualquer policial que atue diretamente no *front* está convencido de que muitas das estratégias implementadas pela polícia de Nova York no passado são o caminho a ser seguido. Esses profissionais de segurança, cuja visão é pautada pela combinação de estratégia e prática, não podem ser ignorados.

Especialmente após o fim do regime militar, os formadores de opinião — um grupo que possui voz ativa nos meios de comunicação, nos meios culturais e políticos — ditaram uma história oposta ao entendimento de grande parte da opinião pública. Essa história de que falam culminou em políticas de segurança pública equivocadas e resultou no quadro que observamos hoje. É impossível não ficar indignado e desesperançoso diante desse cenário.

APRESENTAÇÃO

A democracia pode, e deve, conciliar a liberdade e a ordem. O brasileiro deseja uma política que reduza a violência criminal, que combata a impunidade e quer que o exemplo venha de cima.

A Operação Lava Jato, por exemplo, deflagrada pelo Ministério Público e pela Polícia Federal, nos deu essa esperança, mas é preciso implantar o processo de intolerância ao crime em todas as esferas.

O prazo de buscar conciliação e evitar o confronto já venceu. Chegou o momento de contestar os argumentos de quem defende uma situação para a população, mas vive outra; de quem critica as ações policiais, embora permaneça cercado por seguranças; de quem mora em outros países — locais, em geral, com ações mais duras no combate à criminalidade — e, ainda assim, sente-se no direito de criticar quem reclama da falta de segurança no Brasil.

O brasileiro sofre diversos tipos de violência todos os dias e, apesar de pagar uma infinidade de taxas e impostos, continua refém das políticas públicas que não conseguem garantir sua segurança e, ao mesmo tempo, o impedem de se defender.

No Brasil, apenas 8% dos homicídios são esclarecidos, e grande parte desses são fruto de prisões em flagrante ou de denúncias certeiras. Mais alarmante: segundo alguns estudos, esse número cai para até 2% em algumas regiões do país. Já outros tipos de crimes, como roubos e furtos, têm um número ínfimo de casos solucionados por investigação.

Com esse exemplo, fica evidente que hoje o Estado não é capaz de garantir nossa segurança, motivo que faz muita gente buscar condomínios fechados, investir em equipamentos de monitoramento e contratar vigilantes particulares.

Só para citar mais alguns exemplos que fazem parte da realidade do brasileiro, o Estado hoje também não é capaz de:

- Prover um ensino de qualidade, pois as escolas públicas, além de enfrentarem a falta de docentes, costumam ser espaços de violência e consumo de drogas, sobretudo nos cursos noturnos. Só aqueles que não podem pagar uma escola particular aceitam correr o risco de matricular seu filho em escola pública;
- Oferecer um atendimento razoável no Sistema Único de Saúde, o que nos obriga a contratar planos privados, cujos preços são cada vez mais altos;

13

- Impedir que nossos combustíveis sejam adulterados, o que leva milhões de brasileiros a ter gastos com serviços mecânicos e trocas de peças;
- Garantir a segurança dos veículos e impedir as quadrilhas de roubo e desmanche de carros, o que nos obriga a pagar seguros com valores elevados.

Diante desse quadro alarmante, a proposta do programa de Tolerância Zero é bastante simples: punindo pequenos delitos, evita-se pouco a pouco o crescimento da violência e de crimes graves, valorizando a disciplina e o respeito ao próximo.

No entanto, o Brasil enfrenta décadas de problemas, e nem todos serão resolvidos com um programa dessa natureza. Afinal, há muito tempo glamouriza-se a cultura da malandragem, do "jeitinho", da flexibilização, da inversão de valores, com leniência às infrações.

Dessa forma, a filosofia das janelas quebradas seria apenas o *princípio* de um quebra-cabeça, um norte de raciocínios para alcançarmos alguns resultados nas ações de combate ao crime. Somente com essa atitude transformaremos nossa realidade de caos num plano de reconstrução rumo a um país organizado e capaz de levar segurança a seu povo.

DAVIDSON ABREU
São Paulo, abril de 2021

1

A Teoria das Janelas Quebradas

Um experimento precursor

Em 1969, o psicólogo e professor da Universidade Stanford Philip Zimbardo realizou um interessante experimento. Deixou em via pública dois automóveis idênticos: um em uma zona pobre e perigosa da cidade de Nova York, o Bronx, o outro em uma zona rica do estado da Califórnia, Palo Alto.

O carro deixado no Bronx logo foi vandalizado e depenado. O de Palo Alto permaneceu intacto por uma semana.

Na sequência, foi realizada uma nova etapa do experimento: Zimbardo foi até o carro intacto, desferiu um golpe com um martelo e quebrou uma das janelas. Em pouco tempo, o carro foi vandalizado, igualmente como acontecera ao veículo abandonado no Bronx, e ficou destruído.

A síntese das conclusões de Zimbardo foi a relação direta de que desordem atrai desordem, e que a falta de repressão aos pequenos delitos está ligada ao aumento da criminalidade.

Mais uma observação: a criminalidade não tem relação direta com a pobreza — outras questões sociais, como abandono, desordem e ausência da lei, atuam psicologicamente, deixando alguns indivíduos à vontade para cometer delitos.

É claro que em um bairro como o Bronx, onde o histórico de propriedades abandonadas e roubos de carros era maior, o furto e a depredação ocorreriam mais rapidamente. Afinal, a região concentrava fatores que favoreciam o delito e contava com uma comunidade apática.

Contudo, eventos semelhantes podem ocorrer em qualquer local quando o senso de respeito mútuo e de comunidade e as obrigações de civilidade são reduzidos; quem comete delitos sente-se à vontade, tanto por apatia das pessoas ao redor como pela indiferença das autoridades.

O surgimento da teoria

A teoria das janelas quebradas foi apresentada em março de 1982 por James Q. Wilson[1] e George L. Kelling[2], no artigo "Broken Windows", publicado na revista *The Atlantic Monthly*. O artigo serviu de base para o programa de Tolerância Zero aplicado em Nova York nos anos 1990, como forma de lidar com os sérios problemas de segurança pública que a cidade enfrentava havia algumas décadas.

Para compreender a teoria, considere um edifício com algumas janelas de vidro quebradas. Se não forem reparadas, logo outras serão quebradas por vândalos. Se nada for feito, o próximo passo será a invasão do prédio e, se for um local desocupado, pessoas poderão se apossar dele. Uma segunda situação também serve para exemplificar o núcleo da teoria: pense em um local onde o lixo é despejado na rua, numa esquina. Se não for logo retirado, a tendência é que outras pessoas deixem seu lixo no mesmo local, aumentando o montante.

No início do artigo "Broken Windows", os autores comentam os resultados de um programa de policiamento do estado de Nova Jersey, iniciado em meados dos anos 1970, denominado Programa de Bairros Seguros e Limpos, que foi instituído em 28 cidades. Com a distribuição de verbas, o foco do programa era o policiamento a pé, em duplas. No entanto, os chefes de polícia não acreditaram que isso reduziria a criminalidade, e os policiais, no início, não gostaram de ser retirados de suas viaturas e colocados no exaustivo policiamento a pé.

Cinco anos depois, a organização sem fins lucrativos National Police Foundation, com sede em Washington, dedicada a promover o policiamento por meio da inovação e da ciência, publicou o resultado do programa. As patrulhas a pé não chegaram a reduzir os índices criminais. Contudo, os moradores dos bairros atendidos pelo programa sentiram-se mais seguros, a imagem da polícia melhorou e, logo, os policiais que trabalhavam no programa se adaptaram ao modelo. Assim, o policiamento com esse contato direto com a população melhorou a relação entre a polícia e a comunidade. Para os autores do estudo e do artigo, o programa foi um sucesso.

Tal interpretação, apesar disso, pode ser temerária. Foi observado que a "sensação de segurança", expressão que estudaremos mais adiante, deixava a população mais relapsa e imprudente em suas próprias prevenções, por exemplo, ao deixar de trancar os portões. Em alguns casos notou-se que os índices criminais, em vez de diminuir, aumentaram.

Esse ponto de vista em nosso país deve ser encarado com cuidado. Aqueles que estão à frente de um programa raramente se consideram derrotados ou ineficientes na avaliação de resultados, mas não podemos esquecer que estamos lidando com vidas. Para um governante, a "sensação de segurança" pode ser mais lucrativa e menos onerosa do que promover um aumento da segurança de fato.

Fixing Broken Windows

Em 1996, George L. Kelling e Catherine Coles[3] publicaram o livro *Fixing Broken Windows: Restoring Order and Reducing Crime in Our Communities* ["Consertando as janelas quebradas: restaurando a ordem e reduzindo o crime em nossas comunidades", inédito no Brasil]. A obra desenvolve o argumento apresentado no artigo de 1982 e discute a teoria em relação ao crime, propondo estratégias para a redução dos índices de violência.

De acordo com os autores, é preciso resolver os problemas rapidamente enquanto ainda são pequenos, evitando assim que se tornem maiores: reparar as janelas quebradas, por exemplo.

A teoria defende que um ambiente ordenado e limpo passa a mensagem de que a área é monitorada, e o oposto fornece ao comportamento criminoso a sensação de liberdade para destruir. O pressuposto é de que a paisagem se comunica com a pessoa.

Essa teoria se tornou muito popular em quase todo o mundo, inclusive no Brasil, e vemos até figuras conhecidas no país citá-la, de

Nova York na década de 1980

Os anos 1960 nos Estados Unidos, e também em outras partes do mundo, foi um período de liberação e de uma geração que exigia liberdade. A Guerra do Vietnã (1955-1975) trouxe alterações sociais e culturais aos Estados Unidos, e alguns conceitos se expandiram para o mundo.

Os anos 1970 viram os Estados Unidos se retirarem do Vietnã, e a criminalidade aumentar nas grandes cidades norte-americanas.

Nos anos 1980, os norte-americanos sofreram algumas instabilidades econômicas, momentos de desemprego e desigualdade social. Se não bastassem os problemas normais de um país, o crack se tornou uma verdadeira epidemia entre os usuários de drogas.

Os impactos dessa substância são devastadores. É barata, tem o efeito quase imediato, causa dependência com extrema facilidade e, em pouco tempo, o dependente vive exclusivamente para obter a droga, seja realizando trabalhos, furtando, roubando ou se prostituindo. A degradação é veloz, e alguns dos efeitos visíveis são o emagrecimento e a falta de higiene pessoal.

Esse desespero pelo consumo de entorpecentes também foi um grande contribuinte para o aumento dos índices criminais que, com a intensificação do tráfico de drogas, alcançou recordes históricos na cidade.

Ao assistir a alguns filmes policiais daquela época, apesar de serem obras de ficção, temos a ideia de como alguns bairros de Nova York e de outras grandes metrópoles norte-americanas eram perigosos. O cult *Os selvagens da noite* (1979), por exemplo, reflete bem o que era Nova York no final dos anos 1970, e a epidemia de crack ainda nem havia começado.

O uso disseminado dessa droga, que assolou a cidade em meados da década de 1980, criou regiões degradadas em que o medo era constante na vida dos moradores. A cracolândia nova-iorquina localizava-se

A TEORIA DAS JANELAS QUEBRADAS

no Bryant Park, coração de Manhattan, ao lado da Broadway e a uma quadra do Grand Central Terminal, uma das maiores estações de trem do mundo e um dos cartões-postais da cidade.

Da mesma forma como hoje vemos ao redor da Central do Brasil e na Ilha do Governador, no Rio de Janeiro, e na Cracolândia, no bairro da Luz, em São Paulo, lá funcionava um mercado de entorpecentes a céu aberto, com uma enorme circulação de traficantes, viciados e moradores de rua. Com o tempo, outros bairros nova-iorquinos também foram ocupados pelo comércio e pelo uso de drogas ilícitas em plena luz do dia, o que colocou a comunidade em risco, deixando-a amedrontada e temerosa pela segurança de seus filhos.

Em uma entrevista à revista *Veja*[4] referindo-se à disseminação do uso de crack pelas ruas de Nova York, Robert Stutman, ex-chefe do escritório local do Drug Enforcement Administration (DEA), órgão da polícia federal norte-americana encarregado da repressão e controle de narcóticos, relata que "a cidade de Nova York foi a primeira experiência que tivemos com o crack nesse formato de pedra para ser fumada, sendo vendido nas ruas".

Ainda segundo a reportagem, um estudo elaborado pelo Bureau of Justice Statistics, agência que coleta e analisa dados sobre a criminalidade nos Estados Unidos, demonstrou que o uso de crack estava relacionado a 32% de todos os 1.672 homicídios registrados em 1987, e a 60% dos homicídios ligados às drogas. "O crack se espalhou rapidamente por Nova York. Isso aconteceu por uma combinação de baixo preço e do prazer proporcionado pela droga", declarou Stutman.

Frequentar praças e parques em Nova York, principalmente à noite, era risco de morte. O metrô também oferecia esse risco, além de ser sujo e degradado. A cidade pedia socorro e as autoridades estavam dispostas a agir.

Foi assim que, em 1985, durante seu mandato como presidente da Autoridade de Trânsito da Cidade de Nova York, que durou de 1984 a 1990, David L. Gunn contratou como consultor George L. Kelling, de cujas ideias era adepto, e implementou no sistema de transportes públicos da cidade políticas e procedimentos baseados na teoria das janelas quebradas. Durante seu mandato, Gunn liderou uma campanha para livrar o metrô das pichações e da sujeira e assim torná-lo mais seguro.

Em 1990, William J. Bratton tornou-se chefe de Polícia de Trânsito de Nova York. Também influenciado pelas teses de Kelling, a quem descrevia como seu "mentor intelectual", implementou uma postura mais rígida quanto à evasão de tarifas — o uso do transporte público sem o pagamento de passagens —, uma prática comum nos metrôs. Instituiu também métodos mais rápidos para o processo legal de detidos e checagem de antecedentes criminais.

Entretanto, o grande problema ainda era o tráfico e o uso de drogas, principalmente o crack. Além disso, como os viciados cometem delitos de oportunidade e de acordo com sua necessidade pela droga, os crimes estavam se tornando cada vez mais violentos.

Operação Pressure Point, 1984

A maior parte do comércio de crack era realizada em edifícios abandonados, que acabavam sob a responsabilidade do governo de Nova York devido a dívidas de impostos atrasados. Esses locais ficaram conhecidos como *crack houses*, ou casas de crack. Os usuários dos subúrbios se dirigiam até a área central de Manhattan para comprar a droga e nem precisavam sair do carro: tudo funcionava como um *drive-thru.*

A polícia então reforçou o patrulhamento naquela região como forma de dispersar os usuários. Colocou agentes posicionados em cada esquina quase 24 horas por dia. Em decorrência, como há nos Estados Unidos uma lei que permite que tanto a droga quanto o veículo sejam apreendidos se entorpecentes forem encontrados em seu interior, logo teve início uma série de apreensões de automóveis.

Policiais à paisana eram orientados a comprar drogas com o objetivo de aprender mais sobre o tráfico. Outros policiais se posicionavam no topo de prédios para observar e estudar a ação dos criminosos.

No dia 2 de fevereiro de 1984 a polícia ocupou a área com mais de duzentos policiais. Foram realizadas mais de cem prisões por crimes relacionados a drogas, de acordo com o noticiado pelo jornal local *The Village.*

Foram cerca de 240 policiais, com cães farejadores, e polícia montada realizando apoio; além das prisões foram aplicadas multas, controle

A TEORIA DAS JANELAS QUEBRADAS

de linhas telefônicas, entre outras estratégias contidas no planejamento estratégico. Outras ações permaneceram após a operação.

Como resultado, houve redução de uso e tráfico de drogas e como consequência, aumento da procura por tratamento para dependência química; redução de assaltos (37%), roubos (47%), furtos com arrombamento, escalamento e chaves falsas (32%), e homicídio (62%). O bairro também foi revitalizado.

No entanto, o crime é dinâmico, assim como a sociedade, e se adapta para burlar leis, usá-las a seu favor e encontrar novos caminhos. Uma prisão realizada hoje sob determinada estratégia será mais difícil de ser bem-sucedida no dia seguinte, pois os criminosos, no processo de adaptação, corrigirão os erros que cometeram e que resultaram no êxito da operação policial. Nessa lógica, apesar do sucesso inicial, a estratégia adotada pela polícia nova-iorquina naquele momento acabou fortalecendo as *crack houses*, onde o consumo não era controlado.

O diferencial da operação Pressure Point, contudo, foi focar as organizações criminosas difusas e espalhadas pelos bairros, usando o policiamento ostensivo, em vez de se concentrar apenas nos chefes do crime.

A gestão de Rudolph Giuliani

Rudolph Giuliani teve um papel importante no controle dos índices criminais em Nova York durante seus mandatos como prefeito. Promotor ambicioso, havia liderado o processo federal que resultou no julgamento dos chefes da máfia de Nova York nos anos 1980. Em 1989, concorreu às eleições para prefeito, mas perdeu. Acabou sendo eleito em 1993, reeleito em 1997 e permaneceu no cargo até 2001.

Em 1994, o prefeito Giuliani contratou William J. Bratton, anteriormente chefe de Polícia de Trânsito de Nova York, como comissário de polícia[5] para colocar em prática na capital a teoria das janelas quebradas.

As políticas implantadas em seu primeiro mandato enfatizaram a abordagem de crimes que afetavam a qualidade de vida da comunidade, focando também nos pequenos delitos. O novo comissário determinou que a polícia aplicasse leis de forma mais rigorosa contra o não pagamento de bilhetes do metrô, o consumo público de álcool, urinar em público e as pichações.

Instituiu nos departamentos o CompStat, uma combinação de gestão, filosofia e ferramentas de gerenciamento organizacional para departamentos de polícia. O sistema consistia no uso de um software alimentado com dados criminais, mapeamento, denúncias, queixas e outros dados, associados a relatórios semanais e a reuniões quinzenais entre os chefes de polícia para analisar, avaliar e implementar alterações nas estratégias de combate ao crime, de acordo com a teoria das janelas quebradas.

Posteriormente, o CompStat foi produzido comercialmente em pacotes que incluíam sistema de computadores, softwares, dispositivos móveis etc. Outras cidades dos Estados Unidos e do Canadá utilizam esse sistema até hoje.

O plano estava pronto. Os policiais entenderam a filosofia e começaram a colocá-la em prática. Com o aumento dos efetivos, dos programas de capacitação e também dos salários, mais pessoas se interessaram pelo trabalho. De 1990 a 2000, a força policial teve um aumento no efetivo de 30% a 45%, três vezes mais do que a média nacional.

Pequenos delitos passaram a ser reprimidos e havia regras rígidas para o uso do espaço público. Pedir esmola ou vender produtos e serviços nos semáforos eram passíveis de prisão. Moradores de rua e viciados foram retirados das vias públicas e levados a abrigos. Essas ações fizeram com que uma grande porcentagem de crimes, como furtos e pequenos roubos, despencasse.

Outras ações não policiais também estavam sendo feitas, como a limpeza das estações, a fiscalização e restauração de fachadas de prédios e de comércios, das calçadas e das praças. Entre outras atitudes, também se intensificou a coleta de lixo e se procurou uma nova destinação para prédios abandonados.

Uma experiência anterior: as Leis Rockefeller

Voltemos agora um pouco no tempo.

Em 1973, o governador do estado de Nova York, Nelson Rockefeller, com vistas às eleições presidenciais, editou uma série de estatutos que viriam a ser conhecidos como Leis Rockefeller.

Segundo a legislação, a pena para quem vendesse 57 gramas ou mais de heroína, morfina, "ópio bruto ou preparado", cocaína ou *cannabis*, ou estivesse de posse de 113 gramas ou mais dessas substâncias, seria de 15 a 25 anos de prisão. Em 1977, a lei foi abrandada se a posse ou venda fosse de maconha.

Nova York tornou-se então o estado com as leis de drogas mais severas até 1978, quando o estado de Michigan promulgou a "650-Lifer Law", lei que previa pena de prisão perpétua, sem direito a liberdade condicional, por venda, fabricação ou posse de mais de 650 gramas de cocaína ou qualquer outro opiáceo.

As Leis Rockefeller foram responsáveis pela explosão no número de condenações por posse de drogas, passando de cerca de 2.500, em 1980, para quase 27 mil, em 1993; isto é, ainda antes do programa de Tolerância Zero ao crime. Entre os presos, 70% usavam crack em 1988, contra 22% em 1996.

Posteriormente, foi feita uma abordagem que combinava a aplicação da lei com a prevenção e o tratamento, sendo que dois terços das verbas foram aplicados na área de segurança.

Dados epidemiológicos atuais mostram que o uso de crack nos Estados Unidos vem diminuindo nos últimos quinze anos; contudo, o seu consumo permanece um problema. Uma pesquisa revelou que mais de 80 mil pessoas usaram crack pela primeira vez em 2010, e mais de 9 milhões tiveram alguma experiência com a droga no mesmo período, de acordo com Russel Falk, diretor associado do Centro de Intervenção, Tratamento e Pesquisa em Dependência da Universidade Estadual Wright, em Ohio.

Podemos aprender muito com a experiência de ambas as legislações, com as críticas mais acertadas não só ao programa, mas à política de combate às drogas como um todo nos Estados Unidos em um momento de incertezas.

TOLERÂNCIA ZERO

É importante lembrar que tanto as Leis Rockefeller quanto a 650-Lifer Law foram criadas nos Estados Unidos antes da epidemia do crack. Ou seja, criar legislação não resolve se não houver um aparato do Estado que garanta a aplicação da lei e permita o efetivo combate aos atos ilícitos. É algo que nós, como brasileiros, também observamos em nossa realidade. Nosso legislativo insiste em legislar sem atentar para a necessidade de ferramentas que possibilitem o cumprimento da lei.

Leis mais moderadas

De acordo com um artigo de 2017 no *The Detroit News*[6], a Agência Fiscal da Câmara dos Deputados de Michigan avaliou que a severa 650-Lifer Law, de 1978, lotou as prisões com traficantes e usuários de drogas de baixo escalão. A opção pela liberdade condicional foi introduzida mais tarde, em 1998, para aqueles que tivessem cumprido um mínimo de vinte anos da sentença de prisão perpétua. Já um pacote de projetos de 2002 eliminou a maioria das sentenças mínimas obrigatórias para delitos envolvendo drogas, de acordo com a análise desse órgão.

Já no estado de Nova York, no final de 2004, o governador George Pataki assinou a reforma da Lei sobre Drogas (DLRA), que substituiu as sentenças indeterminadas das Leis Rockefeller por um sistema determinado e reduziu a pena mínima de condenação de quinze para oito anos de prisão. Observem que ainda é uma pena dura. Já para o porte de qualquer tipo de droga ilícita no Brasil não cabe nenhum tipo de prisão.

Outro ponto a ser observado, e os norte-americanos entenderam, é que não há apenas o problema criminal; somam-se a questão social e de saúde. Não importa a pena estabelecida, o dependente fará de tudo para conseguir a droga, pois é capaz de entregar o próprio corpo por ela. E não se pode deixar de mencionar que alguns adolescentes se sentirão atraídos pelo desafio.

Mesmo com um sistema eficiente, se pensarmos na pesquisa mencionada (que aponta que 9 milhões já tiveram experiência com o crack), não haveria como prender esse número de pessoas. O encarceramento de milhares de pequenos infratores geraria um custo enorme

A TEORIA DAS JANELAS QUEBRADAS

ao Estado e um desequilíbrio social, pois levaria o dependente ao contato com criminosos mais perigosos.

Além disso, essa solução complicaria ainda mais os temas de educação para a cidadania. No jargão, é como dizer que, nessas condições, o Estado estaria educando o dependente em uma universidade do crime e gerando um efeito cascata. É o que observamos nas periferias, em que a ausência do Estado cria no jovem admiração pelo modelo de ascensão social do traficante. Mesmo que esse jovem se torne um adulto trabalhador, alguns conceitos sobre cidadania e o que é certo e errado poderão ser apagados ou distorcidos.

O Tolerância Zero e os efeitos do sistema ao longo das décadas

O programa de Tolerância Zero implantado na gestão do prefeito Giuliani em Nova York reuniu uma série de ações pautadas na filosofia das janelas quebradas — embora uma proposta não seja sinônima da outra — e foi o principal fator para a queda da violência. Contudo, não foi o único.

A legislação mais dura, a ação policial efetiva, o crescimento econômico e as mudanças demográficas, como o envelhecimento da população e a fácil constatação das gerações mais velhas sobre os efeitos do crack, foram responsáveis pela redução de cerca de 80% nas taxas de crimes em geral, em um período de vinte anos.

Em 1990, Nova York registrava 2.240 homicídios. Em 2010, a cidade contava 536 homicídios. Em 2018, Nova York teve a menor taxa de homicídios dos últimos setenta anos de sua história, registrando 289 mortes: a menor desde a década de 1950. Houve ainda queda de roubos de automóveis e de roubos em geral.

Para fazermos um comparativo, São Paulo teve 1.463 vítimas de homicídios em 2018, o que é considerada a taxa por 100 mil habitantes mais baixa do país. O Rio de Janeiro teve 6.695 mortes, somados os homicídios, as lesões corporais seguidas de morte e as mortes resultantes de intervenção policial. O Rio apresentou uma queda de 7,7% nos homicídios dolosos comparados a 2017, apesar de um aumento de 35,9% das mortes decorrentes de intervenção policial.

TOLERÂNCIA ZERO

Apesar dos índices de homicídios estarem caindo no Brasil e de ter sido registrada uma queda de 19% em 2019, ainda estamos longe dos países desenvolvidos.

O programa de Tolerância Zero também foi aplicado em outras cidades dos Estados Unidos e do mundo. Em muitos outros locais, não se pode afirmar que utilizaram o programa na íntegra. Contudo, como a filosofia das janelas quebradas ainda hoje é a mais citada em academias de formação de polícia e no estudo da criminologia, é de esperar que seja utilizada em um número considerável de cidades.

Depois do sucesso em Nova York, os fundadores do programa prestaram diversas consultorias pelo mundo. Em 2002, a empresa do ex-prefeito de Nova York, a Giuliani Group, foi contratada para assessorar a implementação de medidas de redução da criminalidade na Cidade do México[7]. Para avaliarmos os resultados do programa na capital mexicana, seria necessário um estudo mais profundo. O fato é, porém, que a cidade não integra o ranking das cinquenta cidades mais violentas do mundo com população acima de 300 mil habitantes, segundo a pesquisa do Conselho Cidadão para a Segurança Pública e a Justiça Penal do México, publicada em 2019, com dados de 2018. O México aparece na lista com dezesseis cidades. O Brasil, com catorze cidades, passou a ser o segundo país mais listado na pesquisa[8].

A implantação de sistemas de Tolerância Zero em outros locais

Lowell, Massachusetts

Em 2005, pesquisadores das universidades Harvard e Suffolk, ambas do estado de Massachusetts, nos Estados Unidos, realizaram um trabalho conjunto com a polícia para identificar 34 pontos críticos de alta criminalidade na cidade de Lowell.

Em metade desses locais, as autoridades limparam o lixo, melhoraram a iluminação urbana, fiscalizaram construções de acordo com a legislação local, desencorajaram atos de vadiagem, fizeram mais detenções de pessoas que cometiam contravenções leves e ampliaram os

A TEORIA DAS JANELAS QUEBRADAS

serviços de saúde mental e auxílio às pessoas em situação de rua. Na outra metade dos locais identificados, não houve alteração na rotina policial.

As áreas em que o poder público realizou melhorias no serviço à população tiveram redução de 20% nos chamados à polícia, de acordo com a conclusão do estudo publicado no periódico acadêmico *Criminology* em agosto de 2005[9].

Apesar disso, o estudo concluiu que a limpeza do ambiente físico era mais eficaz do que as detenções por contravenção e que o aumento dos serviços públicos de caráter social não surtiu efeito algum.

Albuquerque, Novo México

Em meados dos anos 1990, a cidade enfrentava um aumento de 13% nos acidentes por direção agressiva e de 16% em outros crimes. As autoridades chegaram à conclusão de que estava ocorrendo uma quebra na civilidade e que o desrespeito às normas de cidadania influenciava no agravamento do quadro de segurança.

Assim, implantou-se um programa baseado na teoria das janelas quebradas. O Programa Ruas Seguras (*Safe Streets Program*), de 1997, tinha foco em quatro elementos:

1. Saturação dos pontos críticos de criminalidade com efetivo policial, locais onde os agentes permaneciam por um mês ininterruptamente antes de migrar para uma segunda região;
2. Acompanhamento das regiões anteriormente monitoradas, embora com visitas menos frequentes, mas ainda periódicas;
3. Fiscalização dos limites de velocidade nas principais vias;
4. Implantação de pontos de fiscalização de embriaguez ao volante.

Enquanto em Nova York o problema se concentrava no metrô e nos parques, além da "cracolândia" do Bryant Park, a fragilidade de Albuquerque se localizava nas ruas e rodovias e em alguns locais com maiores índices criminais. Resultados de estudos mostraram que, ao adaptar a experiência de Nova York para sua realidade, Albuquerque atingiu resultados positivos com sua política de combate ao crime.

Países Baixos

Em 2007 e 2008, os professores de psicologia Kees Keizer, Siegwart Lindenberg e Linda Steg, da Universidade de Groningen, *realizaram um experimento* sobre a difusão da desordem, cujas conclusões foram publicadas na revista *Science*[10], para determinar se o efeito de um distúrbio visível existente (como lixo ou pichações) aumentava os incidentes criminais, como roubo e outros.

Vários locais foram selecionados e organizados de duas maneiras distintas, em momentos diferentes do dia: em cada experimento, havia uma condição de "desordem", na qual se violavam normas sociais e, em outra, uma situação de controle, em que essas normas não eram infringidas.

Em um dos experimentos, deixaram uma nota de 5 euros aparecendo por um envelope endereçado visível em uma caixa de correio. Quando essa caixa se localizava em um ambiente organizado e limpo, havia maior probabilidade de não ser subtraída. Enquanto na caixa pichada, com lixo ao redor, o dinheiro era furtado em 27% das vezes, no local limpo e organizado era subtraído em apenas 13%. E estamos falando de um país europeu com baixos índices de criminalidade!

O estudo de Keizer, Lindenberg e Steg descreve outros experimentos que chegaram aos mesmos resultados: um comportamento antissocial leva a outro, pois o senso de obrigação é prejudicado.

Outra conclusão é que placas que proíbem comportamentos ("proibido jogar lixo", "proibido pichar") podem piorar o comportamento das pessoas se o ambiente social ao redor parecer desfavorável, degradado e sem civilidade. Uma possível decorrência seria a de que é melhor não ter regra do que ter uma regra que ninguém cumpra.

Apesar de concordarem com a teoria das janelas quebradas, Keizer e seus colegas afirmam ser um erro implementá-la como justificativa para um programa de Tolerância Zero contra a desordem social, pois as pessoas tendem a enxergar essa política como uma declaração de guerra e continuam ofendendo a ordem.

Bem, essa é a visão desses professores, cuja corrente defende que o cidadão deve enxergar o mal que está fazendo à comunidade quando age sem cidadania. Contudo é a opinião de acadêmicos que vivem em um país muito diferente do nosso. Essa fala nos lembra a de muitas pessoas que defendem a mesma posição em relação ao crime no Brasil.

Japão

O país não implementou um programa de Tolerância Zero à semelhança do de Nova York; no entanto culturalmente atua de acordo com a teoria das janelas quebradas desde antes mesmo de ela ter sido formulada. Os conceitos japoneses de honra, tradição, devoção e respeito refletem na segurança pública. As penitenciárias são altamente disciplinadas e as escolas também seguem um rígido padrão de disciplina e respeito.

Um fato curioso ocorreu em 2018, com a fuga e perseguição de Tatsuma Hirao, um preso condenado a apenas cinco anos por roubo, pena que cumpria em uma prisão sem muros na cidade de Imabari. Durante três semanas, a polícia japonesa utilizou cerca de 15 mil policiais em sua busca e captura. Durante a ocorrência, outra curiosidade no que diz respeito à cultura nipônica: Hirao furtou um carro, mas deixou um bilhete para o dono, no qual dizia: "Estou pegando emprestado e não vou estragá-lo". Além disso, a ministra da Justiça pediu desculpas pela demora na captura.

A mensagem dada à população é que não importa a periculosidade do fugitivo ou o crime que ele cometeu: as autoridades despenderão todos os esforços para que ele seja punido. É provavelmente por isso que o Japão tem baixíssimos índices criminais.

Singapura

Esse é um exemplo um tanto extremo de que uma punição rígida reduz a chance de altas taxas criminais. Diversos especialistas se debruçaram sobre o caso da cidade-Estado insular e elaboraram explicações diversas para atenuar o sucesso do plano posto em operação, como a cultura, o tamanho do país (menor do que a cidade de São Paulo), o desenvolvimento econômico, entre tantas outras. Contudo esse exemplo ilustra bem a situação.

TOLERÂNCIA ZERO

Singapura é um dos quatro Tigres Asiáticos que conheceram grande desenvolvimento econômico desde os anos 1980, mas nem sempre foi assim. Aliás, o país vem de um passado recente de miséria.

Durante a Segunda Guerra Mundial, momento histórico em que Singapura ainda era uma possessão do Império Britânico, o exército da rainha sofreu sua maior derrota: 60 mil britânicos se renderam ao exército japonês. Após a guerra, em 1945, os britânicos assumiram novamente o controle da ilha, e, nas décadas seguintes, Singapura sofreu sucessivos períodos de turbulência e conflitos.

Em 1965, o país ganhou total independência e, em 1967, foi cofundador da Associação das Nações do Sudeste Asiático (ASEAN), quando deu início à sua jornada para o desenvolvimento. Singapura é hoje o quarto maior centro financeiro do mundo, o terceiro maior centro de refino de petróleo, o terceiro maior PIB *per capita* e também considerado um dos países menos corruptos do planeta.

No entanto, Singapura não é uma democracia plena: seu governo é autoritário e lá imperam a ordem e a disciplina. Há pena de morte para homicídio e tráfico de drogas, e a taxa de condenações é alta proporcionalmente à média mundial.

Jogar um cigarro no chão pode render uma multa de US$ 400 e duplica a cada infração. Fumar no metrô: US$ 1.000. Atos de vandalismo podem ser punidos com açoites, e parte da fiscalização é realizada através de diversas câmeras espalhadas pela cidade.

Não é nosso propósito fazer qualquer comparação com o Brasil. Porém olhar para Singapura nos mostra a história de um pequeno país que sofreu os amargores da guerra e lutou pela sua independência há menos de setenta anos.

Com um governo avesso à corrupção e uma política rígida contra infrações criminais, Singapura alcançou elevado índice de desenvolvimento socioeconômico e segurança para seus cidadãos, o que torna o país um importante objeto de estudo.

O legado da teoria

O que se observa é que, diante dos excelentes resultados alcançados em Nova York, uma série de cidades utilizou ou adaptou o programa de Tolerância Zero ou seguiu a filosofia contida na teoria das janelas quebradas — até mesmo empresas. Outras forças policiais compraram o programa CompStat, de William J. Bratton, para maior controle estratégico das ações policiais, adaptando-o a suas realidades.

Tanto o programa de Bratton quanto a filosofia das janelas quebradas, à primeira vista, parecem um tanto óbvios. Mesmo se não tivéssemos como comprovar seus princípios, as autoridades policiais, que trabalham diretamente no combate ao crime, começam a entender, ao menos em parte, as necessidades de ação expostas por essa filosofia e, obviamente, a necessidade de um meio de coleta de dados de incidência criminal que possa favorecer a elaboração de uma estratégia mais eficaz para a redução dos índices.

Críticas ao programa nova-iorquino

Qualquer projeto abrangente como esse será alvo de críticas. Alguns criticarão porque o sistema se opõe a seus princípios e à sua visão de mundo; outros, apenas para inviabilizar a ação de algum gestor, o que é muito comum na política. No entanto, a vantagem de implantar no Brasil um método já testado é a possibilidade de medir os resultados, aprender com possíveis erros do passado, adaptar e aperfeiçoar.

Aos que conhecem e defendem as políticas de Tolerância Zero contra o crime, afirmo que é preciso estarem preparados para lidar com os argumentos adversários, algo que os envolvidos no programa de Nova York também enfrentaram.

O ciclo infinito

Um estudo sobre as tendências da criminalidade na cidade de Nova York elaborado por George L. Kelling e William H. Sousa, em 2001, concluiu que as taxas de crimes leves e graves caíram significativamente após a

TOLERÂNCIA ZERO

implementação do "policiamento de janelas quebradas", restaurando e mantendo a ordem, e ainda continuaram em declínio nos dez anos seguintes[11]. Essa queda sugeriu aos autores que as políticas baseadas na teoria das janelas quebradas eram eficientes.

Porém, outros estudos nem sempre encontram uma relação de causa e efeito entre a política implantada e a redução da criminalidade. Eles mostram, em vez disso, que a redução pode ter se originado em outros fatores e seguido uma tendência maior que se espalhava pelos Estados Unidos nos anos 1990, pois outras cidades que não aderiram a programas semelhantes e que empregavam políticas específicas de segurança também constataram efeitos positivos. Na verdade, pode-se afirmar que mesmo os estados norte-americanos que não o tenham adotado como programa de segurança pública, nortearam-se por ele na questão da punição mais rigorosa.

Segundo reportagem do *Business Insider* de 2013[12], outros estudos atribuem à melhoria dos índices de criminalidade o aumento da taxa de detenção na cidade de Nova York. De acordo com os dados da Agência Nacional de Pesquisas Econômicas (NBER, na sigla em inglês), as taxas de prisões por crimes aumentaram de 50% a 70% em Nova York na década de 1990, o que pode ter retirado mais criminosos das ruas.

A mesma reportagem aponta que dados da NBER indicam, além disso, queda de 39% na taxa de desemprego na cidade de Nova York de 1992 a 1999. Alguns pesquisadores encontraram correlações entre a diminuição no desemprego e a queda nos índices de crimes violentos.

No entanto, quanto à baixa no desemprego, podemos afirmar que a relação inversa entre segurança e emprego também é uma interpretação plausível. Observe: Nova York é uma cidade turística. Havendo uma redução da criminalidade, naturalmente se fomentaria o turismo, o que implica maior oferta de empregos. E é claro que uma melhora na economia gera resultados positivos, no entanto a melhora da segurança gera economia; há certo equilíbrio e em determinadas situações se inter-relacionam.

Outro estudo sobre a violência em Nova York, realizado em 2017[13], deixa evidente que, quando o Departamento de Polícia relaxou a repressão ativa aos crimes de menor potencial ofensivo, em 2014 e 2015, as queixas de roubo, agressão e furto decaíram durante e logo após reduções

A TEORIA DAS JANELAS QUEBRADAS

acentuadas no policiamento proativo, embora, como o estudo argumentou, não houvesse efeito estatisticamente significativo em outros crimes graves, como assassinato, estupro, roubo ou roubo de automóveis.

Vale ainda mencionar aqui a conclusão dos autores desse estudo, que revela também indícios de suas posições ideológicas. Os resultados, além de contrários à corrente tradicional de acadêmicos — que avalia positivamente a teoria das janelas quebradas —, bem como à sabedoria popular sobre autoridade e conformidade legal, sugerem que a aplicação agressiva de pequenos estatutos legais incitaria atos criminosos mais graves, pois minaria a legitimidade da polícia e corroeria a cooperação com as autoridades policiais[14].

Por fim, alguns críticos desse estudo alertam que devemos levar em consideração que a cultura contra a impunidade já estava implantada e sabemos que as leis norte-americanas são rígidas, independentemente de qualquer programa de policiamento.

Em 2006, Bernard Harcourt e Jens Ludwig[15] publicaram um artigo em que analisaram o resultado do programa social Moving to Opportunity [Mudança para oportunidade], de 1994, implantado em cinco cidades norte-americanas (Nova York, Chicago, Los Angeles, Baltimore e Boston). O experimento, conduzido pelo Departamento de Habitação e Desenvolvimento Urbano dos Estados Unidos, realocou moradores de projetos habitacionais do governo, levando-os de zonas pobres e perigosas dos centros urbanos (*inner cities*) para bairros mais afastados e mais organizados[16].

Cerca de 4.800 famílias de baixa renda que viviam em comunidades com altos índices de criminalidade e desordem receberam aleatoriamente *vouchers* para se mudar para comunidades com menores índices criminais.

De acordo com a teoria das janelas quebradas, seria de esperar que esses moradores passassem a cometer menos crimes, já que estariam em locais com condições mais favoráveis. No entanto, ao analisar os registros de prisão e os relatórios criminais, Harcourt e Ludwig descobriram que a mudança para uma localidade mais ordenada não alterou o comportamento criminal dos participantes do programa. Essas pessoas continuaram a cometer crimes na mesma proporção, mesmo em locais mais preservados e com mais ordem.

Em 2007, Harcourt e Ludwig publicaram outro artigo[17] no qual apresentaram mais evidências que confirmam explicações alternativas para a redução dos crimes em Nova York: regressão à média[18], o declínio da epidemia de crack, diminuição da população masculina na faixa etária de 16 a 24 anos e a observação comparada com outras cidades que não adotaram a mesma política nos anos 1990, mas que apresentaram queda nos índices criminais.

Já um estudo de Robert J. Sampson, pesquisador e professor de ciências sociais, e Stephen W. Raudenbush[19], pesquisador e professor de sociologia, critica a ideia de que a desordem social e o crime estejam conectados em uma cadeia causal. Defendem, em vez disso, que existe um terceiro fator, a "eficácia coletiva", definida como a existência de coesão entre os moradores combinada com expectativas compartilhadas sobre que contornos o controle social do espaço público deveria ter.

A eficácia coletiva explica taxas mais baixas de crime e desordem observadas após controlar as características estruturais do bairro. Essa seria a causa das variadas taxas de criminalidade encontradas em uma vizinhança com ambiente de ordem social alterada.

A conclusão dos autores, ao contrário da teoria das janelas quebradas, é de que a relação entre desordem pública e o crime é espúria, exceto talvez no caso de roubo.

Discriminatório?

Alguns críticos dos sistemas de Tolerância Zero entendem que ele encoraja comportamentos discriminatórios e que oprime os mais pobres, os negros e os latinos; que incentiva abusos por parte da polícia e que tem um viés racial. Essas críticas são esperadas em qualquer programa que combata o crime com rigidez, e é certo que nenhum resultado convencerá a todos.

Em 2016, um relatório do Departamento de Justiça norte-americano sustentou que tal política de segurança levara a polícia de Baltimore a discriminar e alienar grupos minoritários. O relatório afirma que o conceito de desordem é vago e que dar à polícia amplo poder discricionário para aferir o que é desordem levaria à discriminação. Posteriormente, o movimento ativista internacional Black Lives Matter *[Vidas Negras Importam], por exemplo,* realizou campanhas solicitando o fim do Tolerância Zero por sustentar que incrementava a violência policial contra pessoas negras.

Já em um artigo de 1999[20], a professora de direito e sociologia Dorothy E. Roberts defendia e alertava que a teoria das janelas quebradas, na prática, levava à criminalização das comunidades não brancas, que normalmente já eram privadas de direitos. A autora alertava também sobre o perigo de uma lei vaga. Ao se depender da subjetividade dos agentes de segurança para determinar quem está se envolvendo em atos de desordem, o resultado produzido nas estatísticas criminais seria racialmente distorcido.

Já Sampson e Raudenbush[21] afirmam que os preconceitos implícitos e os estereótipos culturais sugerem que os norte-americanos mantêm crenças persistentes ligando negros e grupos minoritários desprivilegiados a muitas imagens sociais, incluindo, mas não se limitando a, crime, violência, desordem, nível de bem-estar e indesejabilidade como vizinhos. Segundo os autores,

> O uso do contexto racial para codificar desordem não significa necessariamente que as pessoas tenham preconceito racial no sentido de hostilidade pessoal. O poder dos estereótipos culturais é que eles operam despercebidos, formando o que foi denominado *preconceito implícito*.[22]

Um estudo posterior indicou que esse raciocínio sobre "vizinhanças indesejadas" contradiz a proposição de Wilson e Kelling de que a desordem é um constructo exógeno com efeitos independentes sobre como as pessoas se sentem em relação à sua vizinhança.

Em resposta, Kelling e Bratton[23] argumentaram que o "policiamento de janelas quebradas" não discrimina as comunidades onde vivem grupos minoritários cumpridores da lei. Citaram como argumento o estudo de Wesley Skogan, publicado no livro *Disorder and Decline: Crime and the Spiral of Decay in American Neighborhoods* ["Desordem e declínio: o crime e a espiral de decadência nos bairros americanos",

TOLERÂNCIA ZERO

inédito no Brasil], cuja conclusão, ao pesquisar 13 mil pessoas, é a de que diferentes grupos étnicos possuem ideias semelhantes sobre o que considerariam "desordem".

Rudolph Giuliani deu uma excelente resposta a essas críticas em uma entrevista:

> Existem incendiários raciais nos Estados Unidos que não querem encarar a realidade de que, em alguns lugares, os crimes são cometidos principalmente por negros. Em alguns momentos de minha carreira como vice-procurador, promotor federal e prefeito, fui acusado de perseguir todos os grupos. Os ítalo-americanos protestaram contra mim por perseguir a máfia; os descendentes de irlandeses protestaram porque persegui os assassinos do IRA; os negros protestaram contra mim quando estávamos prendendo muitos negros. Mas quem esses negros matavam? Outros negros. São os movimentos ativistas que criam essa divisão, porque é assim que faturam.

Outra crítica constante alega que o policiamento de janelas quebradas tem um viés de classe social e que programas de Tolerância Zero criminalizam apenas os pobres e os sem-teto. Isso ocorre porque os sinais que caracterizam uma vizinhança com a "desordem" combatida pela teoria das janelas quebradas se correlacionam com as condições socioeconômicas de seus habitantes.

Nesse sentido, Sampson e Raudenbush argumentam que, se comportamentos considerados "legais" mas desordeiros são visados nas áreas públicas, eles deixam de se tornar alvo da ação policial quando ocorrem em áreas privadas (Ex.: consumo de bebida alcoólica em local visível). Portanto, os cidadãos que não têm acesso a espaços privados ficam mais expostos e são frequentemente mais criminalizados por atos de desordem[24].

Sampson e Raudenbush afirmam que os bairros com altas concentrações de minorias e residentes pobres são estigmatizados por problemas de criminalidade e desordem correlacionados historicamente e induzidos estruturalmente. Essas correlações, que perduram ao longo do tempo e causam grande impacto psicológico, têm raízes profundas na estratificação social norte-americana, que, é provável, não será superada com facilidade por intervenções de curto prazo[25].

Os autores enxergam, portanto, a aplicação da teoria das janelas quebradas no policiamento como uma guerra contra os pobres, não contra os crimes mais sérios. E como as minorias geralmente pertencem aos grupos menos favorecidos financeiramente, um viés contra os pobres também estaria vinculado a um viés racial.

Por sua vez, os pesquisadores Bruce D. Johnson, Andrew Golub e James E. McCabe defendem que, embora a aplicação da teoria das janelas quebradas no policiamento e na elaboração de políticas públicas possa resultar na redução da desordem e melhoria de determinadas zonas urbanas, pode também provocar gentrificação indesejada das áreas mais pobres. Esse processo de valorização imobiliária — que eleva também o custo de vida local —, faz com que os moradores originais não tenham mais condições financeiras de ficar ali e precisem se mudar. No entanto, à medida que o local se valoriza, atrai população de classes sociais mais elevadas, geralmente compostas por pessoas brancas. A conclusão desse fenômeno, afirmam os autores, é a percepção decorrente de que os antigos moradores, então expulsos de seus bairros, contribuíam direta ou indiretamente para a desordem que tomava conta da área antes das melhorias.

Observe como essa abordagem pode ser um grande exemplo de como um resultado positivo para uns pode ser visto como negativo por outros. Essas críticas, no entanto, ignoram que, se toda a cidade se torna mais segura, não há motivos para expulsar ninguém de suas casas. Pelo contrário: o emprego, a saúde e a educação melhoram para todos, especialmente para os mais pobres, que dependem mais dos serviços do Estado. Johnson, Golub e McCabe, ao sustentarem o argumento de que a valorização da área urbana seria algo ruim, parecem defender o *status quo* da violência nas comunidades, impedindo o desenvolvimento das áreas com maiores problemas de segurança.

TOLERÂNCIA ZERO

A solução pelo aborto

O economista Steven D. Levitt, em um estudo publicado no periódico *Quarterly Journal of Economics em 2001*, afirmou que poderia haver uma relação entre a legalização do aborto (evitando filhos indesejados e/ou de pais que não estavam preparados/dispostos a educar) e a diminuição da criminalidade, ao dizer que, uma geração depois da legalização, constatara-se uma redução do número de delinquentes na população em geral.

No livro *Freakonomics*[26], de 2005, Levitt e o jornalista Stephen J. Dubner confirmaram que, em Nova York, após a implantação do policiamento de janelas quebradas, o grupo de potenciais criminosos havia, de fato, encolhido drasticamente.

Defender a tese de que a legalização do aborto seria uma causa preponderante para a redução da criminalidade em Nova York poderia gerar uma dicotomia interessante do ponto de vista ideológico, levando em consideração que progressistas defendem a legalização do aborto, enquanto conservadores são contra. O mesmo livro poderia ser usado como embasamento tanto para apoiar como para refutar a tese; pois, costumeiramente, em casos com viés ideológico, a crítica depende de "quem fala" e não "do que fala".

Não muito depois, em 2007, o então governador do Rio de Janeiro, Sérgio Cabral, de fato citou *Freakonomics* para defender publicamente a tese de legalização do aborto como forma de conter a violência no estado. De acordo com uma matéria do G1, Cabral afirmou: "A questão da interrupção da gravidez tem tudo a ver com a violência pública"[27].

O político, hoje condenado e cumprindo pena, também é a favor da liberação das drogas.

2

Consertando as janelas

Assim como o abandono atrai outros problemas, tal como a sujeira, o vandalismo e os crimes, "restaurar as janelas" sempre traz um lastro de benefícios que vão muito além da redução da criminalidade. Aqui proponho uma reflexão: a vida é entendida como o maior bem do ser humano e, consequentemente, também sua integridade física e moral. Dessa forma, a segurança e a correção do Estado frente à impunidade e aos desvios de sua finalidade não deveriam ser a primeira preocupação de um governo?

Para haver cidadania é preciso estar vivo. No entanto, especialistas, e até mesmo boa parte da população, que se acostumou com a violência das cidades, não raro, colocam a educação (o jargão "mais escolas, menos prisões"), a igualdade e o emprego num plano acima da segurança, acreditando que, se esses aspectos estiverem resolvidos, a criminalidade e a violência cairiam drasticamente.

Essa conversa de "mais escolas e menos prisões" atravessou gerações sem que os assuntos *prioritários* fossem resolvidos. Criar escolas e bibliotecas não resolve a questão sem um sistema que as façam funcionar com excelência. E onde está o problema da falta de excelência senão nos desvios do caminho? Escolas mal administradas, permissivas, que não garantem a segurança dos professores e os incentivam a "passar de ano" alunos incapazes não têm meios de proporcionar educação de qualidade.

Em 2017, uma pesquisa realizada pelo Sindicato dos Professores do Ensino Oficial do Estado de São Paulo (APEOESP) apontou que

TOLERÂNCIA ZERO

51% dos professores da rede de ensino estadual já haviam sofrido algum tipo de violência.

Essa e outras pesquisas nos levam a concluir como fica limitado o trabalho do professor, muitas vezes coagido pelo potencial criminal que algumas áreas apresentam e refletem diretamente dentro das salas de aula. Esse clima de tensão entre professores e (alguns) alunos impede as correções de comportamento necessárias e eliminam a autoridade do professor, são exemplos negativos que parecem premiar o indisciplinado e prejudicam o programa escolar. O resultado dessa desordem influencia diretamente no resultado que pode ser constatado todos os anos nos índices educacionais.

O que são esses problemas senão janelas quebradas?

Levando a cabo um programa de Tolerância Zero, após os primeiros resultados de redução de violência e impunidade, virão outros benefícios — não se trata apenas de prender criminosos, mas de restabelecer a cidadania.

Ao "restaurar as janelas", com reformas necessárias em espaços públicos, interdição de construções ilegais ou em áreas de preservação, desocupação e resolução judicial de prédios irregulares; com limpeza de ruas, poda de árvores, manutenção e segurança de praças e parques, iluminação pública; com bom ambiente e infraestrutura nas escolas e com manifestações e eventos culturais de qualidade que atraiam e unam a família, entre outras medidas, a população ganhará em qualidade de vida e em segurança nas cidades.

Movimentando a roda da economia

Vejamos agora alguns exemplos do que um programa de policiamento baseado na filosofia das janelas quebradas pode oferecer.

A existência de mais segurança pública permite que as pessoas saiam mais às ruas e aqueçam toda a economia local, sem depender exclusivamente de shopping centers, muitas vezes distantes. O comércio da região prospera, gerando empregos mais próximos das residências e pagando impostos. O tempo nos transportes é reduzido, permitindo aos pais um tempo maior com os filhos, tanto para educação quanto para o acompanhamento escolar.

Áreas mais urbanizadas consequentemente são mais movimentadas, o sentimento de pertencer floresce na comunidade, cuidando de seu espaço, o que também colabora para a segurança, desde que as autoridades colaborem também para que não ocorra o domínio dos espaços públicos por marginais.

Com a prevenção e a redução de crimes, há também redução de gastos com o sistema de saúde, com seguros, na manutenção de bens públicos e privados. E, ainda, gera-se economia processual. Ou seja, são consequências que alimentam toda uma roda de melhorias e que promovem uma reação em cadeia.

Valorização dos imóveis

Da melhoria geral do ambiente decorre um processo de valorização dos imóveis locais. Esse fato reflete nos valores de venda e dos aluguéis da região. Por isso, tanto o cidadão comum como o empresário do ramo imobiliário e os comerciantes em geral devem estar envolvidos no projeto e, junto com a polícia e a prefeitura, auxiliar no que for possível. Uma comunidade unida é mais forte do que um bando de criminosos; deve haver esse consenso, e essa cultura deve ser incentivada.

Os próprios moradores e trabalhadores locais devem fazer com que os indesejados não se sintam à vontade. Isso ocorre em qualquer grupo, até no ambiente de trabalho. Os iguais se procuram.

Quando selecionam os lugares mais propícios para praticar crimes, assaltantes e traficantes escolhem os melhores pontos para atuar. Um ladrão decide, de acordo com sua especialidade, qual será a melhor vítima, a mais fácil, a que lhe traga melhor custo/benefício. Vai preferir agir em um bairro mal iluminado, com pouco patrulhamento da polícia, sem câmeras (se ele temer uma investigação posterior), com melhores vias de fuga, com uma vizinhança que se acovarde e não "preste queixa", nem ao menos gritando: "pega ladrão!".

Um traficante de drogas vai escolher um ponto de difícil acesso pela polícia, com possibilidade fácil de entrega das drogas; talvez em um bairro com muitos dependentes, ou onde as famílias não se sintam seguras para denunciar.

Uma observação nesse sentido: o leitor já percebeu, ao assistir a diversos casos nos jornais televisivos, que o criminoso atua tranquilamente e sem esconder o rosto em locais com câmeras? Isso acontece quando não há investigação posterior ao crime, ou pelo menos quando o criminoso tem essa sensação.

Não exija apenas o policiamento preventivo da Polícia Militar. Exija também que haja investigação e repressão após o crime ter sido cometido. Se há um lugar com concentração de muitos crimes da mesma espécie, por exemplo, roubos de relógios no semáforo ou roubos de carros, significa que há uma quadrilha atuando ali e que também há receptadores. A polícia ostensiva (Guarda ou a Polícia Militar) prendendo apenas um indivíduo ao acaso não resolverá o problema.

Autoestima

Após os primeiros efeitos positivos, florescendo a cultura comunitária na localidade, nasce o orgulho de pertencer àquele grupo que se autoconduzirá com disciplina consciente. Os próprios moradores desaprovarão atitudes incivilizadas de desordem, o que culminará no auxílio às autoridades para a redução da criminalidade.

A comunidade, assim, passa a se organizar. Não esperará mais apenas a ação policial e passará a exigir o que necessita de cada órgão do Estado.

Saúde

Com tudo isso, a saúde em geral da comunidade irá melhorar. Sem mencionar a redução de danos físicos provenientes diretamente de um crime violento, haverá menos estresse, redução de síndrome do pânico e de depressão, por exemplo, entre tantos outros males.

O combate ao crime custa caro, mas o abandono da segurança também traz um prejuízo financeiro muito maior ao Estado e uma sobrecarga do sistema público de saúde.

3

In Brazil

Breve histórico da violência no Brasil

Durante décadas, repetiu-se nas aulas de história que o Brasil foi colonizado por degredados de Portugal, pessoas condenadas à pena de exílio e expulsas do reino. É daí que decorre associar a colonização portuguesa à herança de corrupção no Brasil e aos altos índices criminais — mas não foi bem assim.

Geraldo Pieroni, historiador e professor do Departamento de História da Universidade Tuiuti do Paraná (UTP), analisou cerca de 26 mil documentos e processos inquisitoriais para elaborar o estudo que publicou no livro *Os excluídos do reino* (2000). Na obra, o autor questiona a proposição de que o Brasil foi colonizado por criminosos comuns — os motivos religiosos eram três vezes mais frequentes. Boa parte dos degredados havia sido condenada pela Santa Inquisição por crimes banais, como forma de exclusão social. Entre eles, havia muitas mulheres degradadas por feitiçaria, bigamia e blasfêmia.

A maior parte desses exilados acabou se estabelecendo aqui: uns viraram intérpretes dos povos indígenas, negociavam a paz e foram importantes para a fundação de vilas. Não faz sentido atribuir nossa situação de violência a uma genética ou cultura.

Uma ideia oposta a essa, também amplamente disseminada no discurso comum, é a crença de que o brasileiro é um povo pacífico — não existe nada mais distante da verdade. Nossos índices criminais nos colocam como a segunda nação mais violenta do continente americano, atrás apenas da Venezuela (dados de 2017 — ONU).

O Brasil, em toda a sua história, manteve certa dose de instabilidade política, o que quase sempre acarretou violência. Temos um histórico de guerras e revoltas populares que sempre é ignorado quando se repete o discurso do país pacífico. Veja, por exemplo, o período colonial. Antes da Proclamação da Independência, o Brasil passou por uma série de revoltas que geraram mortes em batalhas e execuções posteriores. Já após a independência, outras medidas enérgicas foram tomadas para manter a conquista. No século XIX, durante o Segundo Reinado, a guerra com o Brasil quase exterminou o Paraguai.

Nossa Proclamação da República não se compara ao terror que marcou a Revolução Francesa, contudo o que sucedeu contra a monarquia foi um golpe de Estado, que poderia ter tido um desfecho trágico caso o imperador D. Pedro II resolvesse tentar se manter no poder.

O coronelismo é outro fenômeno interessante. Surgiu no período regencial com a criação da Guarda Nacional, patrocinada por grandes proprietários de terra que ganhavam a patente de coronel. Contudo, o que veio a ser chamado de "coronelismo", mesmo com a extinção da Guarda, foi um fenômeno que aconteceu durante a República Velha (1889-1930). Ainda que desprovidos de origem militar, esses grandes senhores de terra continuaram sendo chamados de "coronéis", como sinônimo de chefe político da região. Formavam milícias compostas de "jagunços" para sua guarda pessoal. Mantinham também um curral eleitoral na região que dominavam e, pelo voto de cabresto (voto aberto), conseguiam controlar se os eleitores votavam em seus indicados ou não. Os coronéis se valiam do terror e da violência como ferramentas para alcançar seus objetivos.

Nos sertões nordestinos, o cangaço se desenvolveu nessa mesma época. Grupos numerosos de cangaceiros pilhavam cidades, assassinavam e estupravam, levando terror a locais onde a pobreza abatia o povo. O mito do bom cangaceiro, muitas vezes encarnado na mítica figura de Lampião, como o homem levado à violência devido aos problemas sociais e ao abandono do Estado, é uma falácia desgastada que não convence mais, embora a situação histórica seja complexa.

Frederico Pernambucano de Mello, historiador especialista em cangaço, esclarece bem o que foi esse período em seu livro *Apagando Lampião: Vida e morte do rei do cangaço* (2018). Segundo seu estudo, Lampião se utilizava de métodos bárbaros para estabelecer o medo em seis dos nove estados do Nordeste. Matou inocentes, marcou mulheres a ferro quente e mantinha acordos com alguns coronéis e políticos em troca de favores. Além disso, os cangaceiros foram os primeiros a disseminar o sequestro em larga escala no país.

Alguns historiadores insistem em romantizar esses personagens, justificando suas atrocidades, omitindo fatos e até mesmo lhes dando um viés ideológico inexistente. Em verdade, o sertão e tantas outras áreas eram e ainda são abandonados pelo Estado. O povo vivia, naquela época, oprimido por bandoleiros, coronéis, policiais e até pela natureza. E cangaceiros como Lampião, e tantos outros, tinham como objetivo satisfazer suas próprias necessidades.

Oficialmente, o coronelismo chegou ao fim após a Revolução de 1930, com o governo de Getúlio Vargas, mas até hoje muitas famílias mantêm práticas muito semelhantes às do coronelismo, como os Collor, de Alagoas, os Magalhães, da Bahia, os Sarney, do Maranhão, os Ferreira Gomes, do Ceará, entre outros. Os métodos são mais sutis, mas, ainda assim, eficientes.

O funcionamento desses clãs cria narrativas, personagens, para que as famílias se mantenham no poder. Alguns se tornaram presidentes da República e ministros, enquanto seus estados persistem em apresentar os piores índices de desenvolvimento humano (IDH) do país.

Chegamos ao governo militar, iniciado em 1964. Não pretendo discutir sua legitimidade, pois o assunto polêmico se estenderia por quase mais um volume. A questão é que a esquerda radical lutava pela revolução e, antes mesmo de os militares chegarem ao poder, planejava uma ditadura do proletariado. Em dado momento, as organizações revolucionárias ficaram mais atuantes com a guerrilha rural e urbana, ampliando suas ações em sequestros, explosões de bomba e assaltos a banco. O governo endureceu e, em 1968, baixou o Ato Institucional nº 5, o AI-5.

Vários livros foram escritos sobre o assunto e, hoje, temos alguns autores com visões distintas da que recebemos ao longo das últimas

TOLERÂNCIA ZERO

décadas. A questão importante para este nosso trabalho é frisar que foi uma época em que mais uma vez atos de violência tomaram o Brasil.

Não é difícil enxergar que o país do Carnaval, do sorriso gentil e dos braços abertos do Cristo Redentor tem uma fama que não nos cabe.

O surgimento do crime organizado

Apesar de todo esse histórico, nada atingiu tanto o Brasil como a explosão da criminalidade das últimas décadas. A partir dos anos 1980, houve uma escalada de violência, não mais protagonizada por "analfabetos lutando pela sobrevivência", ou por "guerrilheiros assaltando bancos na resistência contra a ditadura militar".

A alarmante explosão da criminalidade veio tanto do poder acumulado pelo crime organizado, que se ramifica na sociedade, quanto do fato de que qualquer menor de idade, fortalecido pela impunidade, pode cometer um roubo ou um latrocínio com o mesmo desprendimento.

A desorganização urbana e o desequilíbrio social ajudaram a desestruturação e o caos, mas quando o crime organizado começou a se interessar cada vez mais pelo tráfico de drogas, uma empreitada tão próspera, que talvez só perca para a exploração de petróleo, a coisa mudou de figura.

Durante o regime militar, presos políticos começaram a ser enviados para o Instituto Penal Cândido Mendes, uma prisão de segurança máxima localizada na Ilha Grande, no Rio de Janeiro. Esses presos eram encarcerados com criminosos comuns. Dessa convivência, ao longo dos anos 1960 e 1970, forjou-se o que hoje é conhecida como uma das maiores facções criminosas do Brasil: o Comando Vermelho, criado nos anos 70 sob o nome de Falange Vermelha. Até então, nunca se observara nada parecido.

Criou-se no presídio uma organização jamais vista, tanto na rotina diária — com a redução de brigas e praticamente o fim dos estupros — como no fomento de uma noção nítida de hierarquia e no compartilhamento de conhecimento estratégico, que resultaram em novas ações violentas, já que os revolucionários realizavam sequestros e roubos a banco, empreitadas criminosas que necessitavam de um grande preparo. Na época, para os traficantes, essa fórmula era inovadora como tática de obtenção de dinheiro para seus negócios.

Os morros do Rio de Janeiro, com sua sociedade carente e abandonada pelo Estado, foram o local propício para as quadrilhas se estabelecerem, levando em conta a localização estratégica de difícil acesso para a polícia, que as deixava em vantagem. Lá tomaram o lugar do Estado, fornecendo "justiça", "saúde", lazer, etc. E então, ao longo dos anos, outras quadrilhas se proliferaram pelo Rio de Janeiro e por outros estados, embora não com tamanha força.

Cabe salientar que presos (ainda não condenados em definitivo) com direito ao voto (obviamente assim como seus familiares) se tornaram um eleitorado relevante e começaram a colocar representantes do crime organizado em todas as esferas do poder. Com a eleição de Leonel Brizola, apoiada por contraventores, especialmente do jogo do bicho — de acordo com relatórios do extinto Serviço Nacional de Informações, o SNI —, passou-se a proibir que a polícia "invadisse" os morros e os sobrevoasse com helicópteros para mapear as atividades criminosas. O elo de comunicação do crime organizado com as autoridades estava selado.

Alguns tentam justificar a atração por uma vida de crimes com a falta de escolaridade, minimizando a complexidade do assunto. De acordo com dados do Levantamento Nacional de Informações Penitenciárias (Infopen), cerca de 45% dos detentos não concluíram o ensino fundamental, apesar de ser considerado um baixo índice de escolaridade, não se trata de analfabetos e não fica longe da estatística nacional referente a todos os cidadãos, pois o Penad Educação (Pesquisa Nacional por Amostra em Domicílios) concluiu em 2019 que "mais da metade das pessoas com 25 anos ou mais não completaram o ensino médio".

A maioria dos presos está ligada ao tráfico de drogas, assim, esses dados evidenciam ser uma forma de escalada social, levando em consideração o meio em que vivem, uma forma de ascensão social e financeira.

Nesse sentido, tratar o cidadão pobre como pretenso criminoso é difamar a maior parte dos cidadãos brasileiros, inclusive os policiais, uma classe, em sua maioria, oriunda das periferias.

Um grande número de crimes é cometido pela classe média. Os principais são tráfico de drogas, agressões, conduzir veículo sob efeito de álcool, estelionato, entre outros. A classe alta incorre nos mesmos crimes e soma a eles lavagem de dinheiro, corrupção, sonegações e fraudes.

Em todos os casos, a maior causa dos altos índices criminais é a impunidade: a certeza ou a grande probabilidade de sair ileso após cometer um delito. É saber que o crime compensa. Que determinadas modalidades criminosas trarão altos lucros com pouco esforço e que renderão posições de destaque em sua comunidade. E é isso que o programa Tolerância Zero busca reverter.

Poder centralizado

Diferentemente dos Estados Unidos — constituídos por um modelo "centrípeto" de federalismo, quando estados soberanos decidem se agregar em uma federação, concedendo sua soberania ao poder federal, mas conservando boa parte de sua autonomia para lidar com uma série de assuntos —, o Brasil percorreu um caminho inverso: era um Estado unitário que se tornou federativo de cima para baixo, descentralizando parte de seu poder e concedendo atribuições administrativas a unidades federais formadas, em geral, artificialmente. Esse modelo é chamado de federalismo centrífugo.

No Brasil, além disso, vale lembrar que há um agravante: devido à sua origem, o Estado brasileiro é centralizador; isto é, embora federativo de acordo com a constituição, tende a concentrar a maior parte do poder na União, na prática concedendo pouca autonomia aos entes federativos, sem uma clara e unívoca atribuição de competências a cada esfera deles.

Essa concentração de poder sempre se mostrou ineficiente e gerou anomalias no país, pois os políticos estaduais ficam dependentes da União para uma série de questões, necessitando de repasses de verbas de deputados federais e senadores, o que favorece a corrupção. Prefeitos e governadores ficam reféns de deputados, que podem destinar ou não verbas para a cidade, dependendo de seus interesses. Nesse sistema, os que detiverem maior alinhamento político normalmente serão os mais beneficiados, e onde quase todo governador almeja se tornar presidente, ninguém quer largar o poder.

Se tivessem mais autonomia prevista na Constituição Federal, os estados teriam condições de elaborar suas próprias leis penais, como nos Estados Unidos. Poderiam, por exemplo, criminalizar a fuga de presídios ou o uso de celulares por detentos. Ficaria mais fácil para os eleitores escolherem seu caminho e mais óbvio para o povo comparar quais leis aderidas pelos estados seriam as mais eficientes. Contudo, esse tipo de mudança enfrentaria dificuldades em um país tradicionalmente centralizador como o Brasil; seria necessário aprovar uma emenda à Constituição, pois criar legislação penal, de acordo com o artigo 22, inciso I, do capítulo II da Constituição Federal de 1988, é um atributo privativo da União — ou seja, seria necessária uma revisão do pacto federativo.

Já haveria um bom resultado, apesar disso, em permitir ao menos que cada estado tivesse o poder de elaborar suas respectivas leis de execução penal. A atual LEP (Lei nº 7.210, de 11 de julho de 1984) é uma lei permissiva, que dá excessos de direitos aos presos: visitas íntimas, saídas temporárias quase sem controle, remições de pena, progressões de regime e conversões de pena privativa de liberdade em restritiva de direitos, muito benéficas.

Essa questão dificulta a implantação de programas de Tolerância Zero, como o de Nova York, um programa municipal. Se houvesse maior autonomia de estados e municípios para legislar, os criminosos migrariam para estados com menos eficiência no rigor do cumprimento de penas, e ficaria claro quais leis e sistemas seriam melhores para o combate à criminalidade.

4

Imprensa, a resistência

Embora defendamos a aplicação de um programa de Tolerância Zero embasado pela teoria das janelas quebradas — sem deixar de levar em consideração a realidade brasileira —, os argumentos críticos dos pesquisadores aqui citados não podem ser ignorados nem menosprezados.

Trata-se de estudos elaborados por acadêmicos de renome e com experiência em áreas como sociologia, criminologia, estatística, e muitos trabalharam em parceria com departamentos policiais, apoiados em fatos e teorias — diferentemente de alguns "especialistas" que aparecem em nossos telejornais.

A boa notícia é que, se até bem pouco tempo atrás, a maior parte da população tinha inclinação a aceitar como verdade tudo o que era transmitido pela imprensa, hoje isso está mudando. Muitos já conhecem a inclinação ideológica editorial de emissoras de TV e rádio e dos principais jornais e já consome esse conteúdo com um olhar um pouco mais cético, atento às fontes.

Qual órgão financiou a pesquisa?

Quais as posições políticas ou ideológicas dos autores?

Quais outros trabalhos estão relacionados ao assunto?

Diferentes posições ideológicas não necessariamente retiram o mérito dos estudos; entretanto, podem indicar um direcionamento com intenção de influenciar, e cabe ao receptor aceitar ou não a mensagem da forma como foi proposta. É sempre bom ouvir uma opinião antagonista e tirar as próprias conclusões.

IMPRENSA, A RESISTÊNCIA

É preciso enfatizar que, junto à crítica, contra uma ação forte do Estado no combate ao crime inevitavelmente virão os mesmos argumentos de racismo, opressão às minorias ou aos mais pobres. É certo que instituições são movidas por seres humanos e que esses podem ser policiais, jornalistas, políticos, padres ou pertencentes a qualquer outro ramo e, como seres humanos, podem agir de forma preconceituosa, o que não legitima acusar todo um programa de segurança pública que apresenta resultados comprovados no combate à violência.

Nota-se a existência de um pensamento comum em certas correntes no Brasil — estas que pregam a anarquia, que extrapolam o direito de livre manifestação e que, em confronto com a polícia, disparam discursos sobre preconceito. Porém, observem que essa não é uma questão simplista: afinal, há um grande número de negros e pobres justamente na categoria dos policiais e dos militares. A questão é que muitos dos que conduziram esses estudos contrários e dos que apoiam esses argumentos consideram-se os únicos humanistas ou garantistas, como se os que defendem a filosofia das janelas quebradas não o fossem.

Os críticos do Tolerância Zero entendem que o contraventor tem que ser *convencido*, sem o uso da força, de que é necessário que ele aja de acordo com as regras sociais e que isso trará benefícios não só a terceiros como a ele próprio.

Essa estratégia, ou algo similar, é a defendida pelo professor Kees Keizer e por seus colegas no estudo que já mencionamos, feito nos Países Baixos e publicado na revista *Science*[28]. Apesar de comprovarem com sua pesquisa que uma área deteriorada provoca aumento nos índices criminais, como bons psicólogos defendem estratégias que façam a pessoa enxergar a necessidade de agir corretamente, sem coerção. Bonito. Contudo, parece utopia.

São os excessos o que mais pode prejudicar a implantação de programas como esse ou qualquer outro de atuação dura no combate à criminalidade; excessos quase sempre cometidos por poucos e tratados na imprensa com sensacionalismo.

Vejamos o caso de Salecia Johnson, de Milledgeville, na Geórgia, cujo caso foi amplamente divulgado em 2012. Salecia, uma menina de seis anos, empurrou dois amiguinhos, jogou no chão objetos da sua mesa, arrancou fotos e quadros da parede, derrubou uma pequena estante no chão e tentou quebrar um triturador de papel. Um policial foi chamado e tentou acalmá-la, mas ela começou a brigar com ele e acabou algemada e conduzida até a delegacia. A menina não foi acusada de nada, apenas suspensa da escola e começou a ser monitorada pelo serviço social.

Anos antes, em 2005, houve outro caso de excesso policial em St. Petersburg, Flórida: uma menina de cinco anos em situação semelhante também foi algemada por policiais.

Parece óbvio que algum problema maior, não evidente, atingia as meninas e que houve insensibilidade dos policiais. Provavelmente, os pais deviam ter culpa por esse tipo de reação e, para a proteção das crianças, deveria ser um caso a observar. De qualquer modo, é preciso haver harmonia e treinamento para que excessos como esses não ocorram e para que se respeitem as medidas administrativas mais indicadas em cada caso.

Concordando ou não com os argumentos a favor ou contra os sistemas de Tolerância Zero, certo é que quem tiver o interesse de levar um projeto desse a cabo deverá conhecer o programa por completo — tanto o fundamento teórico como as práticas já utilizadas —, de modo a conseguir adaptá-lo para outras realidades e enfrentar os argumentos contrários com os quais irá se deparar pelo caminho.

Temos a nosso favor hoje a existência de parlamentares que podem estudar o programa e que têm ampla condição de enfrentar um debate técnico, quer seja com a população, com os jornalistas ou com a oposição.

Os velhos jargões populistas de linha-dura na segurança pública são caricatos e devem ser abandonados. O momento é de participar do debate de forma técnica e profissional para atender aos objetivos propostos.

A mídia e as posições ideológicas

Durante o período militar, os generais não aprenderam que a propaganda era a alma do negócio. Também não atentaram para os ensinamentos de Sun Tzu, em *A arte da guerra*, no capítulo que ele ensina a conhecer o inimigo.

Por sua vez, o filósofo italiano Antonio Gramsci, já na década de 1930, compreendeu que o comunismo como se estava tentando implantar não atingiria os objetivos desejados. Resumidamente, o segredo para instituí-lo era envolver a sociedade nas ideias socialistas através dos meios culturais, jornalísticos e educacionais; assim, o povo se tornaria socialista sem nem se dar conta.

Não espere que a pessoa ou instituição que deseja implantar seus objetivos de poder digam especificamente quais são eles. Em obras dos pensadores que defendem a "revolução passiva" de Gramsci, podemos encontrar mais claramente que a mensagem emanada por políticos, militantes, jornalistas e até mesmo artistas estará nas entrelinhas. Basta ver que as ditaduras de cunho socialista costumam se travestir de democráticas. Note os nomes oficiais de alguns desses países — República Popular da China, República Popular Democrática da Coréia, República Democrática Popular do Lao, etc.

Realmente, na época do regime militar brasileiro havia opositores com boas intenções, e gente interessada no retorno da democracia. Por outro lado, o socialismo tinha um clima romântico, e a propaganda política impedia o povo de saber exatamente o que ocorria nos países que o empregavam. Afinal, a ideia de igualdade, justiça, saúde e educação de qualidade e moradia para todos é maravilhosa.

A título de curiosidade, veja só os lemas do Comando Vermelho e do Primeiro Comando da Capital: "Paz, justiça e liberdade". Posteriormente, o PCC adicionou o termo "igualdade". Isso se assemelha a alguma ideologia política? Assemelha-se a alguns partidos conhecidos?

Os militares investiram bem pouco a seu favor e nada em propaganda contra o comunismo. Restringiram-se na maior parte do tempo a impedir manifestações de ideias e censurar filmes, notícias, músicas, espetáculos, usando para isso duras medidas. Algumas dessas censuras tinham mais cunho moralista do que político e geravam o efeito contrário, causando antipatia na população.

A resistência da esquerda ao regime atuou em duas frentes, enquanto a ala mais extrema participava da guerrilha urbana ou rural, outra parte seguia os ensinamentos de Antonio Gramsci e ocupava os meios culturais, intelectuais e também a imprensa. Com a redemocratização a caminho, essa estratégia se mostrou mais apropriada e levou muitos ao poder, tanto os que pegaram em armas como os que seguraram a caneta.

Assim, com o retorno à democracia, os ideais socialistas passaram a dominar quase que completamente os meios culturais e midiáticos e, com os novos governos, ficaram mais fortalecidos, o que sempre impediu a pluralidade de ideias. Raras foram as vezes que vierem a público obras de cunho liberal, conservador e de outras linhas de direita defensoras da democracia.

De acordo com o filósofo Luiz Felipe Pondé, no contexto histórico/ filosófico, a ligação da esquerda com os meios culturais se dá inicialmente por influência do romantismo e a crítica do mal-estar moderno burguês, que se concentrou ao que foi convencionado chamar de esquerda, movimento crítico ao capitalismo e à burguesia. Ele prossegue e afirma que nos últimos anos no Brasil isso foi reforçado pelos incentivos dos governantes de esquerda ao financiamento, muitas vezes direcionados aos simpatizantes desse mesmo governo, a diversos espetáculos, filmes e obras culturais, muitos dos quais realizados por artistas já consagrados, influentes e com grande poder aquisitivo.

A esquerda continuou atuando fortemente nas universidades, nas escolas, nas redações de jornais e revistas, no meio literário, na TV e no cinema. Este último é fácil notar e é o que interessa diretamente ao nosso assunto.

Da mesma forma que fizeram com o cangaceiro Lampião, o cinema e posteriormente a TV, principalmente nas telenovelas, romantizaram o crime e a vida nas favelas — ainda o fazem. Durante décadas, os filmes nacionais, quando não envolviam as mazelas do sertão, ambientavam-se em favelas, glamourizando ou justificando os atos de algum bandido, sempre demonizando o Estado e a polícia. Uma verdadeira "bandidolatria", ao mesmo tempo em que dava força ao vitimismo.

Já nos Estados Unidos, geralmente os personagens cultuados estão a favor "da lei". Enquanto Clint Eastwood matava bandidos encarnando o policial Harry Calahan, e Charles Bronson exterminava criminosos como o justiceiro Paul Kersey, no Brasil, por outro lado, Pixote[29] e tantos outros faziam aparições no cinema como vítimas da sociedade.

IMPRENSA, A RESISTÊNCIA

A Lei Rouanet, oficialmente a Lei Federal de Incentivo à Cultura, nº 8.313, de 23 de dezembro de 1991, é um exemplo claro do que a burocracia fez com a indústria do entretenimento e de como se valeu dela.

Resumidamente, aproveitando-se dessa lei, os envolvidos em um filme, como diretores, atores e produtores, se remuneram com o incentivo, recebendo altos cachês que nunca conseguiriam por vias tradicionais. Ou seja, um filme pode ser um tremendo fracasso de bilheteria (como a maioria é), mas sempre renderá gordos salários. O mesmo ocorre com teatro, espetáculos e até livros.

"Formadores de opinião"

Com o fim do regime militar, a imprensa e toda a classe cultural e artística passaram a ocupar o poder e a dominar a narrativa política, omitindo o que acontecera nas nações em que os conflitos foram muito mais danosos e ampliando largamente cada morte de opositores ao regime. Basta citar que uma guerrilheira se tornou presidente do país e nomeou como ministros e chefes de setores estratégicos diversos outros guerrilheiros, dentre eles, alguns que tiveram envolvimento direto em assassinatos, sem que fossem julgados ou presos.

Essa narrativa durou mais de trinta anos; mas, pouco a pouco, foi perdendo espaço para uma realidade que já começava a incomodar muito as classes mais pobres. Esse choque entre o que a classe cultural dominante imaginava ser o pensamento popular e o que o povo realmente pensava se tornou evidente com um fato: o lançamento do filme *Tropa de Elite*, de 2007, baseado no livro *Elite da Tropa* (2006), de Luiz Eduardo Soares, André Batista e Rodrigo Pimentel.

Narrando eventos de 1997 no Rio de Janeiro, o filme tem como protagonista o Capitão Nascimento, do Batalhão de Operações Especiais. Finalmente um filme de ação, com ótimas cenas e um foco realista na violência, tanto do tráfico como da força policial. Contudo, muitos consideraram um tiro no pé a mensagem que tentaram passar — socialistas elitizados que vivem alheios aos anseios da maioria dos cidadãos.

O Capitão Nascimento foi concebido para ser um vilão, um remédio pior do que a doença. Na verdade, ele praticava diversos crimes em suas ações, como tortura e homicídio, seguindo seu próprio código de ética, acreditando ser o único caminho para a guerra que enfrentava. Entretanto, não foi assim que o público recebeu o personagem: o capitão do BOPE foi encarado como um herói. O povo, cansado da opressão do crime, assistiu pela primeira vez nas telas do cinema nacional a uma tropa e a um líder que enfrentavam criminosos com atos de mesma proporção ou pior.

Nunca se imaginou que a repercussão do personagem seria essa e nem que o BOPE ascenderia como uma das melhores tropas especiais entre as polícias do mundo — o que realmente é verdade.

Tanto Wagner Moura quanto José Padilha, o diretor, impressionaram-se com a reação popular. Apesar de pertencerem ao mesmo grupo que tentam agradar, não foram poupados das críticas do *establishment*. Veículos como a *Folha de S.Paulo*, *Carta Capital* e a revista americana *Variety* foram alguns dos que atacaram a produção, e a palavra "fascista" veio à tona, como não poderia deixar de ser.

Além disso, *Tropa de Elite* venceu o Urso de Ouro no festival de Berlim. Padilha chegou a declarar na ocasião em que recebeu o prêmio: "Temos uma polícia muito corrupta e muito violenta. O povo odeia a polícia. Acho que parte do público tomou o filme como uma vingança contra a polícia".

Padilha ainda não havia entendido o sentimento do público. Apesar da violência que muitas vezes a polícia emprega e que também é a primeira vítima, pois está no *front* de uma guerra, a maioria das intervenções é de cunho social, e mesmo as criminais obtêm desfechos positivos, isso está contido em todas as estatísticas das polícias estaduais e federais.

Referente a sua fala de que "o povo odeia a polícia", talvez Padilha de alguma forma tenha tentado se redimir com seus pares que o criticaram tão duramente, contudo é outro grande equívoco, e isso pode ser confirmado com o número de políticos eleitos ligados à área da segurança, a quantidade enorme de seguidores de redes sociais em páginas de policiais ou afins, e até mesmo a notoriedade que o próprio BOPE obteve após o filme.

Mudança de paradigma

Hoje ficou fácil acompanhar pelas redes sociais o que o povo realmente pensa. Obviamente, existe corrupção e violência nas instituições policiais, afinal elas são um reflexo da sociedade brasileira e o policial vem dessa sociedade. Porém, é uma grande mentira afirmar que o brasileiro odeia sua polícia e suas Forças Armadas. Como na maior parte do mundo, esses homens e mulheres são admirados, mas nossa tradicional mídia sempre tentou não apenas omitir essa admiração, como também criar uma aversão a eles.

No quesito cultural, em tempos de financiamentos apoiados pelo governo — desde que se siga a mesma ideologia —, ignorando por completo o gosto popular, chegou-se à dura conclusão de que o mercado espera algo diverso do que sempre foi oferecido, até mesmo por uma questão democrática.

Muitos dos que pregam a democracia tentam impedir a todo custo que ideias e temas contrários a suas ideologias sejam divulgados. Atacam não só a obra, mas os autores e divulgadores do material. Impedem até mesmo que universidades exibam documentários que julgam ideologicamente contrários a suas crenças. É uma "democracia autorizada", portanto. Os pretextos são repetitivos e chega-se ao cúmulo de emanarem críticas (até resenhas) sem o conhecimento do conteúdo da obra.

A questão do entretenimento é que o mercado mostrou interesse comercial por outros modelos, e o público aguarda bons produtos, longe dos mesmos dramas urbanos ou sertanejos e das já batidas *sitcom* — que também continuarão com sua fatia de público.

Que se abram espaços para outros tipos de comédia, de ação, de ficção científica e de terror. Que se esqueça um pouco o viés político e, se possível, que a legislação apoie a cultura, mas sem dar brechas legais para aproveitadores — esses possuem condições de produzir suas obras e têm acesso à mídia para divulgação.

A cultura pode ser utilizada como arma política e influenciar positivamente a segurança pública, mas também pode ser um entrave para a aplicação de programas mais rígidos como o Tolerância Zero.

Décadas de ataques às forças policiais — criticando as medidas duras contra o crime, omitindo políticas que geraram resultados positivos e os atos heroicos de policiais —, tanto por notícias como por outros meios, acabaram incutindo no imaginário popular a desconfiança contra a polícia.

No entanto, nota-se hoje que esses "formadores de opinião" não obtiveram pleno sucesso. Os novos movimentos que surgiram e surgem nas redes sociais estão aí para provar.

Posse e porte de arma de fogo: uma breve história

Não tratarei aqui da defesa da posse e/ou o porte de arma de fogo. Para isso, há obras e vários debates, pois o tema é amplo e gera controvérsia.

Em primeiro lugar, é necessário entender a diferença entre posse e porte de arma de fogo, algo que costumeiramente acaba gerando confusão até mesmo nas matérias da imprensa.

Posse de arma de fogo é possuir a arma, em sua casa ou empresa, sem poder sair às ruas legalmente com ela, salvo em algumas exceções relativas ao seu transporte. Já *porte* de arma de fogo é a autorização para portar essa arma consigo em condições de pronto uso, para defesa pessoal.

Uma das possíveis soluções para a redução dos índices criminais, especificamente dos homicídios, e que convenceu grande parte dos políticos e teve apoio gigantesco da mídia foi a Campanha do Desarmamento, de 2003. No Brasil, até antes de 1997, o porte ilegal de arma de fogo ou até mesmo a posse de arma com numeração adulterada não eram considerados crimes, e sim contravenções penais. Havia lojas em que era possível fazer a compra pela manhã e levar a arma para casa ao final da tarde.

Posteriormente, a Lei nº 9.437, de 20 de fevereiro de 1997, que instituiu o Sistema Nacional de Armas (Sinarm), estabeleceu condições para o registro e para o porte de arma de fogo, tipificou a conduta como crime e trouxe outras inovações.

Naquela época, os índices de homicídio eram cerca da metade desses com que nos deparamos nos últimos anos. No Brasil já havia

TOLERÂNCIA ZERO

um controle rígido sobre armas, não na parte penal, mas na liberação de calibres e potência de munição. O calibre máximo permitido ainda hoje para o cidadão comum é o .38 ou .380. Até o início dos anos 1990, por sua vez, era comum o calibre .32, que não é o ideal para a defesa pessoal devido ao tímido poder de parada (*stoping power*). Para se ter ideia, até mesmo as polícias têm uma limitação e controle do Exército para a compra de armamentos e, até o final dos anos 1990, a arma de porte comum nas corporações era o revólver calibre .38.

O Estatuto do Desarmamento

Contrariando a pretensão de seus apoiadores, depois de criado o Estatuto do Desarmamento, a Lei nº 10.826, de 22 de dezembro de 2003, todas as estatísticas criminais, principalmente as dos homicídios praticados por armas de fogo, cresceram vertiginosamente à medida que endureceu a legislação pertinente à venda e ao porte de armas.

Na época, o governo, contando com sua popularidade relativamente alta, com o apoio de artistas e grandes veículos de comunicação, realizou um referendo, em 2005, para a sociedade "decidir" sobre o Art. 35 do Estatuto, que pretendia proibir a comercialização de armas de fogo no Brasil ("Art. 35. É proibida a comercialização de arma de fogo e munição em todo o território nacional, salvo para as entidades previstas no Art. 6º desta Lei"). Os apoiadores do direito à posse e ao porte de armas não encontravam espaço para defender seus argumentos, embora alguns partidos, personalidades e entidades da sociedade civil defendessem essa posição abertamente.

A vitória do governo parecia certa; contudo, não foi o que ocorreu, e os governantes acabaram surpreendidos pela vontade popular expressa no referendo.

A pergunta nas urnas era: "O comércio de armas de fogo e munição deve ser proibido no Brasil?". A vitória do "não", ou seja, contrário ao desarmamento e a favor da comercialização de armas de fogo, foi de 63,94% contra 36,06%, mesmo com toda a propaganda a favor do "sim". Essa vitória foi superior ao que apontavam os institutos de pesquisa, que esperavam uma votação bem mais equilibrada.

POSSE E PORTE DE ARMA DE FOGO: UMA BREVE HISTÓRIA

Covardemente, embora o Art. 35 tenha perdido a validade, mantendo a possibilidade da comercialização de armas de fogo, o governo seguiu dificultando o acesso, chegando a criminalizar a posse ilegal de arma de fogo para quem não regularizasse o registro dela e adicionou uma alta taxa anual. Para efeitos de comparação, seria como criminalizar alguém por não pagar o IPTU de seu imóvel ou IPVA de seu veículo. E com o absurdo de determinar uma taxa de alto valor apenas para ter a sua arma.

O legado do estatuto

Segundo dados divulgados em 2020 pelo Atlas da Violência, estudo do Instituto de Pesquisa Econômica Aplicada (Ipea) e do Fórum Brasileiro de Segurança Pública, em 1980, cerca de 40% dos homicídios eram perpetrados com uso da arma de fogo. Em 2003, ano do Estatuto do Desarmamento, esse índice chegava a 71%[30]. Pesquisadores do estudo afirmam que, segundo os dados levantados, essa taxa permanece relativamente estável desde então.

Em 2019, o novo governo iniciou uma flexibilização legal para a compra e o porte de armas, ainda considerada tímida pelos defensores desse direito. Uma curiosidade é que, nesse novo decreto, o de nº 9.685, de 15 de janeiro de 2019 (Art. 12, inciso VIII), lançou-se a obrigatoriedade de o proprietário, em certas circunstâncias, guardar sua arma de fogo em um cofre, algo que contraria todos os princípios técnicos de quem tem a necessidade de possuir uma arma de fogo, objeto que deveria estar rapidamente à disposição para a defesa do proprietário.

Benedito Gomes Barbosa, um dos maiores expoentes no Brasil pela defesa do direito constitucional à autodefesa, acredita que se trata de um reflexo da contaminação ideológica nesse tema, que perdurou tantos anos no país e que atinge até mesmo quem se considera conservador.

A teoria do espaço defensável

Trazendo a questão da autodefesa ao tema desta obra, podemos analisar a "teoria do espaço defensável", do arquiteto e urbanista norte-americano Oscar Newman. Em seu livro *Defensible Space*[31], de 1972, Newman concluiu que, embora o trabalho da polícia seja crucial para a prevenção do crime, a autoridade policial não é suficiente para manter uma cidade segura e livre de crimes: a comunidade precisa se envolver e ajudar na prevenção. Ele defende a necessidade de as pessoas cuidarem dos espaços que habitam e o protegerem, imbuídas do sentimento de propriedade, e argumenta que uma área é mais segura quando se tem em relação a ela um senso de propriedade e responsabilidade.

"Janelas quebradas" e vandalismo ainda prevalecem porque as comunidades não se importam com os danos. Mesmo que as janelas sejam reparadas, é necessário que a comunidade as mantenha seguras. A negligência às deteriorações do espaço (desordem *à la* janelas quebradas) indica falta de preocupação com a comunidade; é um sinal claro de que a sociedade aceitou distúrbios como esses. Permitir esse tipo de descaso com o espaço físico indica vulnerabilidade e falta de defesa.

Mas o que isso tem a ver com porte ou posse de armas?

Uma das críticas mais frequentes dos defensores do desarmamento é que é dever do Estado proteger o cidadão e que não se pode transferir essa responsabilidade a outras instâncias.

Primeiramente, estamos discutindo o direito do cidadão e não a obrigação do Estado. O cidadão tem, ou deveria ter, o direito de escolher até mesmo se deseja ou não exercer seu direito à legítima defesa com equiparação de força; caso contrário, na prática, esse direito será inexistente.

A questão se encerra quando o cidadão, vítima de um crime, inicia uma ação judicial contra o Estado e ela é julgada improcedente. Sob o argumento de Newman, o Estado não é onipresente. O Estado não pode ser garantidor da segurança individual do cidadão e não há condições de impedir todos os crimes. Esse é o entendimento majoritário dos tribunais, tanto no Brasil como no restante do mundo, salvo algumas exceções específicas.

Então, como nos defendermos, se o Estado nos tira o direito a porte ou posse de arma?

O que está em jogo não é ser contra ou a favor do desarmamento, e sim entender que informação é importante e que o controle da informação também é uma arma.

O jogo do governo na época foi covarde e endossado por grandes meios de comunicação, o que pode ser entendido como antidemocrático — por si só algo que demonstra um grande perigo. Não permitiram a exposição adequada de motivos dos defensores ao direito a posse e porte de armas, uma calculada omissão de informação.

Temos que ter cuidado, mesmo quando o direcionamento acompanha nossa vontade e nos agrada, e nos atermos à forma. Caso endossemos o método que impede às posições contrárias o direito de intervir, de serem ouvidas, de trazer a verdade à tona, será questão de tempo até que esse mesmo artifício nos atinja.

6

O menor de idade

O termo remete ao antigo Código de Menores da década de 1970. Hoje, porém, a expressão é considerada pejorativa pelos órgãos de defesa da criança e do adolescente, embora permaneça no vocabulário popular, inclusive dos próprios menores infratores. Iremos utilizá-la.

Em 1990, entrou em vigor o Estatuto da Criança e do Adolescente (ECA). Um ordenamento extenso que trata de diversas questões importantes, mas todo o destaque acaba resumindo-o à parte criminal, que recebe críticas desde que entrou em vigor.

O Estatuto apresenta uma série de medidas socioprotetivas à criança e ao adolescente, muitas delas ignoradas na prática. Basta ver nos semáforos a quantidade de pais dependentes químicos que usam os filhos para mendigar. Casos como esses poderiam ser combatidos por ação do Estado através da polícia e das guardas municipais, ainda que necessitassem de mudança da legislação — mas não há mobilização para isso.

Impedir a utilização da criança para esses fins e, se for o caso, retirar ou suspender o poder familiar (antigo "pátrio poder") — uma medida dura, mas estritamente necessária em alguns casos — pode colocar um fim num ciclo de miséria, sofrimento e provavelmente crime.

Cabe salientar que o remédio não pode ser pior do que a doença. O Estado só poderia tomar essa decisão se tivesse condições de proporcionar uma vida melhor à criança, bem como tentar a recuperação dos genitores para a retomada do poder familiar.

O MENOR DE IDADE

Porém, além de gerar gastos, mesmo um trabalho bem-feito e uma imensa responsabilidade podem ser alvo fácil do sensacionalismo. Imagine o impacto que algum programa de TV causaria ao entrevistar uma mãe que tivesse perdido o poder familiar para o Estado. Ela receberia na sequência o auxílio de um advogado, pronto para pegar uma causa de forte apelo midiático.

Aproveitadores, assim, nada fazem pelos menos favorecidos, mas estão ávidos por apontar o dedo, criticar, tornar algo um escândalo público. Um risco que faz muitos gestores públicos preferirem realizar serviços mais superficiais, que não transformem as vidas, mas que atraiam menos críticas. E o verdadeiro problema acaba não sendo solucionado.

Essa questão delicada deveria ser tratada de forma séria e técnica. A criança frequenta a escola? Exerce um trabalho insalubre (como ficar em semáforos)? Está sendo explorada sob algum aspecto? Está subnutrida? Está saudável sob vários aspectos? Tem contato com entorpecentes? Os pais são dependentes químicos? Os pais se responsabilizam pelos filhos?

Muitas dessas questões já são feitas pela lei, contudo não basta legislar: é necessário colocar em prática. E ainda existe a problemática de que mesmo que haja lei tipificando os fatos, não é raro que o Judiciário interprete de forma diferente.

Há também proteções excessivas. Segundo o ECA, um adolescente que cometeu um crime não pode ser algemado nem conduzido no guarda-preso de uma viatura. O leitor consegue imaginar um homicida de 17 anos com noventa quilos, sendo conduzido no banco traseiro da viatura, atrás dos policiais e sem algemas? Essa determinação do Estatuto coloca em risco tanto a vida do policial como a do próprio menor infrator.

Ora, vejamos esta hipótese: se ele se entregar pacificamente e o policial, em obediência ao ECA, não o algemar e o colocar no banco traseiro da viatura, o menor poderia vislumbrar a melhor oportunidade para reagir com o veículo em movimento. Poderia causar um acidente envolvendo terceiros ou até ensejar a reação armada de um dos policiais, resultando na morte do menor e dificultando a posterior comprovação de legítima defesa dos agentes de segurança.

O ato de algemar, diga-se de passagem, tanto um menor quanto um maior infrator se transformou em um transtorno legal para a polícia, devido a fatores políticos — solidificados em medidas legislativas — que dificultam as situações de algemamento e colocam em risco a vida do policial.

Cabe ressaltar que o menor não comete "crime", e sim "ato infracional". Os atos infracionais não geram antecedentes criminais; assim, independentemente do crime cometido, esses não podem ser considerados maus antecedentes para a elevação da pena-base de crimes cometidos após a maioridade e muito menos servem para configurar reincidência[32]. Além disso, ao menor é vedada qualquer divulgação, inclusive nome e imagens (Art. 143 do ECA). O menor também é inimputável e sua internação como "medida socioeducativa" é de no máximo três anos (Art. 121, § 3º, do ECA). Atenção: somente os crimes muito graves alcançam esse teto de três anos. Com base na experiência prática, para homicídios, o tempo médio de internação é de cerca de um ano. Só alcançam a "pena" máxima os crimes que geraram clamor público e tiveram grande publicidade.

O limbo jurídico

Um caso interessante é o de Champinha, que, no ano de 2003, aos 16 anos, sequestrou uma jovem também de 16 anos e seu namorado, de 19, matou o rapaz, estuprou a jovem por dias e a matou de forma violenta.

Ele foi condenado a três anos de internação na Fundação Casa; porém, devido ao laudo ter o apontado como um psicopata, foi transferido para uma Unidade Especial de Saúde, onde permanece internado até os dias de hoje. Ele se tornou um caso particular, descoberto pela lei, e não se sabe o que fazer com ele. Também já teve pedidos de liberdade negados pelo Supremo Tribunal Federal (STF), mas apenas continua internado. E isso só ocorreu devido à repercussão midiática.

Em dezembro de 2017, Champinha foi filmado por uma emissora de TV em uma casa de alto padrão, em um confortável sofá, tendo à disposição uma TV de 29 polegadas e cinco refeições diárias. Após a repercussão, o então governador José Serra defendeu a situação dele sob a alegação de que era "melhor do que ele estar nas ruas". Na época, Champinha custava ao Estado R$ 12 mil por mês (US$ 3.625, na cotação de dezembro daquele ano).

O caso emblemático citado não é raro. Raro é esse tipo de condenação. Menores infratores considerados mentalmente saudáveis, não importa quantos homicídios, estupros nem o tipo de tortura que tenham cometido; se a vítima era saudável ou doente, se era homem ou mulher, jovem ou idoso ou até mesmo bebês, o infrator ficará internado por no máximo três anos. Já crimes que se considera não terem sido cometidos com violência — por exemplo, os relacionados ao tráfico de drogas —, na prática, não costumam gerar internação.

É preciso explicar por que as quadrilhas se empenham em aliciar cada vez mais os jovens? O abandono desses adolescentes por uma lei facilitadora, atraente para as quadrilhas, é como uma janela quebrada, que gera mais e mais estragos.

Há vários projetos de lei que buscam mudar esse quadro, contudo ficam na espera e não chegam nem a ser pautados para votação. É o tipo de vespeiro onde poucos têm a coragem de colocar a mão: ONGs, partidos e uma parcela da imprensa farão disso sempre um palco para ganhar atenção.

7

O sistema penitenciário

Temos no país hoje duas visões antagônicas sobre como lidar com os detentos. Por um lado, há uma visão ingênua, que acredita bastar apoio social para ser possível criar um trajeto de ressocialização. Por outro, existe também a crença de que o preso deve sofrer maus-tratos de todas as formas — creio que este último pensamento surge como uma reação ao medo de se tornar mais uma vítima da violência, e uma forma de desopilar a revolta pelo sentimento de impunidade.

Quando nos socorremos no senso comum, nos jargões repetidos até por políticos populistas e deixamos a razão de lado, perdemos a seriedade e, consequentemente, o debate.

A questão é técnica:

- A penitenciária deve ser capaz de manter longe da sociedade quem cometeu crimes;
- O detento deve cumprir pena de acordo com o delito, para que sirva de exemplo aos que estão livres;
- As prisões devem mantê-los encarcerados em condições humanas;
- Ao final, de acordo com sua personalidade e seu comportamento, os egressos devem ser ressocializados para que não queiram retornar à prisão. Caso isso ocorra, deverá ser por tempo superior à sua última estadia.

O SISTEMA PENITENCIÁRIO

Contudo, a desinformação é uma das armas mais poderosas do político incompetente e/ou corrupto. Propagar a ideia de que o preso é uma vítima da sociedade, que o único objetivo do encarceramento é sua reeducação, que o país está equivocado em uma "política de encarceramento", entre outras coisas, só convence mesmo os muito ingênuos ou os que querem de alguma forma se aproveitar dessa narrativa, até mesmo para ganhar votos de uma grande massa carcerária e seus familiares.

O Departamento Penitenciário Nacional (Depen) lançou, em fevereiro de 2020, o Levantamento Nacional de Informações Penitenciárias (Infopen) referente ao ano de 2019. Considerando os presos em estabelecimentos penais e os detidos em outras carceragens, o Infopen apontou que o Brasil contava com 773.151 pessoas privadas de liberdade em todos os regimes. O percentual de presos provisórios (sem uma condenação) manteve-se estável ao longo do período analisado, em aproximadamente 33%.

Para rebater facilmente a falácia de que existem muitos presos no Brasil, basta comparar com a deficiência das polícias em concluir investigações. Retornando ao dado de que apenas 8% dos homicídios são solucionados, então chegamos à conclusão de que 92% dos autores não foram identificados e, consequentemente, estão em liberdade. E nisso estamos nos referindo aos crimes mais graves. Crimes de menor gravidade detêm índices piores. E, ainda, é necessário levar em conta o grande número de procurados pela Justiça, com penas já decretadas.

Podemos até chegar à conclusão de que no Brasil temos um número muito alto de criminosos — daí a necessidade de mais prisões. Obviamente, além disso, deve haver um estudo sério e um trabalho focado em reduzir a reincidência e em aumentar a prevenção aos crimes, bem como em evitar que presos cumpram sentenças que extrapolem suas penas.

Isso indica como o tema é complexo. Do exposto, fica claro que o grande número de presos não se deve a uma política criminal focada em encarceramento, pois nosso ordenamento jurídico é até benevolente. Tudo indica que a questão está na reincidência e na sensação de impunidade, de que o crime compensa, de que as penas são brandas e, assim, incita-se o cometimento de novos crimes.

Por outro lado, cair no discurso de que o preso deve mesmo é ficar em uma cela sem espaço, em situações desumanas, vítima de estupro cometido por outros detentos, recebendo comida ruim e sendo espancado diariamente, além de ser um indício de psicopatia, é desconhecer as outras consequências que essa realidade gera não só aos presos, mas também aos funcionários das penitenciárias e aos cidadãos em geral.

Não se engane. Cadeias lotadas e sem condições interessam aos próprios presos que desejam exercer poder dentro do sistema. Veja um exemplo:

Fernandinho Beira-Mar sob regime de segurança máxima

O famoso traficante carioca Fernandinho Beira-Mar, preso desde 2002, ficou em Regime Disciplinar Diferenciado (RDD), devido a sua periculosidade, até 2008. Na penitenciária de segurança máxima, sob esse regime, ele ficava em cela individual, tinha dentista, psicólogo etc. Apesar dos benefícios, era uma situação muito mais restritiva, com controle de visitas e de jornais e com banho de sol duas horas por dia. Não espanta que, constantemente, os advogados tentassem retirá-lo desse regime: nessas condições, os poderes dele ficavam reduzidos e o controle do Estado era maior.

Em presídios lotados e desorganizados, os chefes de quadrilha ampliam seu poder e vendem essas condições para seus subordinados e para os mais fracos. Se não há cama para todos, os mais fortes e os mais perigosos terão seu lugar garantido. Se a comida é ruim, os detentos mais poderosos tomam o que os mais fracos recebem de seus familiares.

Estuprar estupradores é algo doentio do mesmo modo. Ou será que esse ato de "justiça" não revela quem esses perpetradores são quando estão em liberdade? Alguém acredita que um preso com essa capacidade só resolveu cometer esse crime após ser preso e somente o faz para punir um estuprador?

O SISTEMA PENITENCIÁRIO

Em um lugar assim, os agentes penitenciários não conseguem manter o controle e logo também se tornam vítimas de ameaças e de outros crimes cometidos pelos detentos. Se o Estado não investe nas instalações, podem acreditar que não investe nos funcionários — nem no efetivo e nem em treinamento —, muito menos em aparatos de segurança. Instalações precárias são precárias para todos: a parte destinada aos agentes também é afetada, bem como os sistemas eletrônicos, os muros, as grades etc.

Presídios lotados conspiram contra a disciplina, e as rebeliões são constantes, colocando a vida dos agentes em perigo e aumentando muito o risco de fugas. A cada rebelião, o complexo prisional é avariado e as reformas pesam ao Estado. Se você pensa: "então eles que fiquem ao relento", certamente desconhece o tema. A maior parte das estruturas destruídas faz parte da segurança, e a falta de reparo facilitaria futuras fugas.

Presos ociosos e sem esperança aproveitam todo o tempo livre para planejar sua fuga, e, acredite: são muito engenhosos nisso. A ocupação do tempo, se estivessem trabalhando e estudando, ajudaria muito em sua guarda.

O descontrole gera os maiores absurdos: uso de drogas, entrada de celulares, estupros, homicídios e até a fabricação de bebidas alcoólicas. Com os celulares, eles comandam de dentro dos presídios o crime das ruas, participam de "tribunais de execução" e ainda lucram com falsos sequestros e outras ações criminosas.

Não havendo controle sobre os presos, também não há controle sobre os guardas, o que facilita o aliciamento para fugas, rebeliões e a entrada de produtos ilícitos. A corrupção é fato no sistema e atinge até os diretores, da mesma forma que as ameaças. Há até mesmo denúncias de tratamento diferenciado (privilegiado) para os chefes de organizações criminosas.

Os funcionários do sistema, em contrapartida, muitas vezes ficam à mercê do crime organizado — eis o perigo que deixa de ser local para ser nacional. Uma organização criminosa acaba tendo facilidade em conseguir todas as informações necessárias para conhecer o sistema por dentro, ter o controle de escalas de funcionários, horário de entrada e saída, endereços e demais particularidades,

TOLERÂNCIA ZERO

facilitando atentados à vida desses servidores. O mesmo ocorre com policiais.

Em um sistema desorganizado em que os presos ditam as ordens, aqueles que por um percalço da vida se veem encarcerados, que em circunstâncias normais desejariam apenas cumprir sua pena, são as primeiras vítimas dos criminosos que comandam a prisão. Um ambiente assim não ressocializa ninguém.

Qualquer pessoa pode vir a ser presa por uma série de motivos: desde um momento de raiva, o atropelamento de um pedestre, imprudência, negligência ou apenas por estar na hora e no lugar errados e assim acabar sendo incriminada por uma morte. Um crime em que mais inocentes são acusados e condenados provavelmente é o de estupro. É um crime horrível, certamente hediondo. O problema são os processos e investigações mal resolvidos que podem colocar um inocente na cadeia.

O caso Neymar

Em 2019, o jogador Neymar foi acusado falsamente de estupro pela "modelo" Najila. Se ele não tivesse filmado o ocorrido, se não tivesse um bom advogado e os antecedentes da moça não tivessem colaborado a favor dele, o jogador teria muita probabilidade de ser condenado.

O controle e a disciplina

O autor de um crime grave é indisciplinado por natureza e detesta todo tipo de controle imposto sobre ele. O que para nós faz parte do cotidiano, para o criminoso é sofrimento, pois sua natureza é rebelar--se contra as regras sociais. É justamente isso que fará com que ele não queira retornar ao sistema.

O SISTEMA PENITENCIÁRIO

As prisões no Arizona, Estados Unidos

Algumas prisões dos Estados Unidos são exemplos de controle e disciplina. Não é permitido ter TV e nem mesmo cigarro, que serve como moeda entre os presos. Há prisões no Arizona em que os condenados ficam em tendas de campanha (barracas) o que gera economia e fácil controle. Perguntaram certa vez a Joe Arpaio, ex-xerife do condado de Maricopa, no Arizona, se isso não atentava contra os Direitos Humanos. Ele respondeu algo do tipo: "Se nossos homens das Forças Armadas não cometeram crimes e estão defendendo nosso país em tendas como essas no Iraque e no Afeganistão, por que seria contra os Direitos Humanos que condenados cumprissem pena nas mesmas condições?".

Para que o cumprimento da pena gere os efeitos desejados — manter o condenado longe da sociedade, fazer com que ele reveja suas ações e que a experiência no cárcere seja suficiente para ele não reincidir nos crimes —, o Estado deve manter total controle.

A vigilância deve ser diuturna; o contato, evitado. Sala de TV deve ter programação controlada e autorizada. Deve-se pôr fim a regalias como visita íntima. Alimentos, somente os concedidos pelo Estado. É necessário proibir o contato físico com as visitas; oferecer oportunidades de trabalho que o insiram novamente no mercado, direcionado pelas necessidades do país, estado ou municípios próximos; todas as tarefas com hora marcada; exigência de silêncio nos trabalhos voluntários que contem para remição da pena; entre tantas outras medidas de controle. São apenas alguns exemplos de que o condenado só deve fazer o que for permitido e nos horários estabelecidos.

São diversos modelos de sucesso pelo mundo, desde as prisões de segurança máxima Supermax (*super-maximum security*), dos Estados Unidos, até algumas penitenciárias do Japão que prezam pelo silêncio entre os presos.

Presídios devem ter total controle do Estado para preservar seus agentes, impedir fugas, fazer os detentos cumprirem pena de maneira que não reincidam por consciência ou por não quererem retornar para um regime de rigorosa disciplina, levando em consideração todos os apontamentos aqui registrados.

Uma reforma no sistema penitenciário é imprescindível, e deveria ocorrer concomitantemente com a implantação de um programa de Tolerância Zero.

Por fim, necessitamos de seriedade ao tratarmos desse assunto, com a discussão da legislação ineficiente e sem os arroubos sensacionalistas no plenário da Câmara.

8

Um país em que o crime compensa

A maior parte de nossa legislação penal é dos anos 1940, e a Lei de Execuções Penais, que trata dos direitos do reeducando (condenado), para grande parte da população possui benefícios demais.

A segurança pública foi abandonada há muito tempo — não se trata de uma opinião. Todos sabemos do caos que é o sistema penitenciário e as fundações que apreendem menores. Chegamos a cerca de 60 mil homicídios ao ano. Nesse intervalo de tempo, apenas quando algum caso se tornava um escândalo na imprensa é que havia alguma mobilização para criar ou alterar leis, o que tornaram a nossa já complicada legislação uma colcha de retalhos. Há fragilidades que servem apenas para pobres que não têm condições de pagar advogados.

No geral, são muitos absurdos que prejudicam a manutenção da ordem. Veja alguns exemplos que constam em nossa legislação.

Benefícios previstos na legislação penal brasileira

Saída temporária[33]

O que alguns chamam erroneamente de "indulto", são as famosas "saidinhas" em certas datas comemorativas. Como sempre, um número elevado de beneficiados não retorna à penitenciária. O percentual até parece pequeno: menos de 5%. Entretanto, em números absolutos, é elevado. Apenas no estado de São Paulo, quase 25 mil presos não retornaram aos presídios nos últimos quatro anos. E os custos são altos.

Nesses períodos (Natal/Ano-Novo, Páscoa, Dia dos Pais, Dia das Mães e Finados), a Polícia precisa reforçar o efetivo nas ruas, pois os crimes aumentam. Ainda há os custos de recaptura, a repetição dos riscos da força policial, retrabalho e a má administração da lei, que concede saída temporária em Dia dos Pais e Dia das Mães a detentos que não são pais nem mães e não possuem genitores vivos.

O caso de Suzane von Ritchthofen

Um episódio emblemático de "saidinha" foi o de Suzane von Ritchthofen, condenada a 39 anos de prisão pelo assassinato dos pais em 2002. Em 2016, cumprindo pena em regime semiaberto, recebeu o benefício da saída temporária para o Dia das Mães, o que causou repercussão na época, embora a saída estivesse amparada pela lei. Na ocasião, além disso, constatou-se ao retornar que ela fornecera endereço falso à Secretaria de Administração Penitenciária. Em razão disso, Suzane ficou dez dias confinada em uma cela solitária em "regime de observação".

Indulto[34]

É um perdão da pena, uma forma de extinção da punibilidade, concedido pelo presidente da República. No Brasil, ocorre no Natal e normalmente é coletivo. Exige alguns requisitos como, por exemplo, cumprimento de parte da pena, bom comportamento e não responder a outro processo por crime praticado com violência ou grave ameaça.

Em 2017, o então presidente Michel Temer editou o decreto de indulto de Natal afrouxando os requisitos, o que na prática beneficiaria os condenados por corrupção na Operação Lava Jato; dentre eles muitos políticos corruptos e agentes corruptores. A Procuradoria-Geral da República entrou com uma ação para suspender o indulto, depois apoiada por dois ministros do Supremo Tribunal Federal. Posteriormente, em 2019, o STF confirmou o indulto de Temer.

Aí está uma prerrogativa que poderá com certeza ser utilizada para fins políticos.

É interessante observar que, considerando os requisitos para receber o benefício do indulto, determinados criminosos acabam sendo privilegiados. Os que cometem crimes de "colarinho-branco", por exemplo, costumam ter bom comportamento enquanto presos — afinal, isso faz parte de sua natureza política —, e, ainda que muitos respondam por outros crimes, os ilícitos não costumam envolver diretamente violência ou grave ameaça, mesmo que a corrupção, como o desvio de verbas da saúde ou de programas sociais, seja capaz de retirar muitas vidas.

É algo a ser repensado para que benefícios do tipo não sejam apenas mais uma manobra de impunidade que incentive o cometimento de tais crimes.

Direito ao voto[35]

O preso ainda não condenado em definitivo tem o direito ao voto. Ou seja, uma grande parte dos presos conserva esse direito, pois muitos chegam a cumprir a pena por completo antes mesmo de receber a condenação em definitivo (enquanto ainda restar recurso, até trânsito em julgado), devido à morosidade da Justiça e ao grande número de recursos previstos em nossa legislação. Talvez esse tenha sido o maior golpe que sofreremos no longo prazo. Afinal, o crime organizado se aproveita dessa situação para eleger seus membros, apoiadores e advogados.

Apesar disso, existem opiniões que defendem o voto dos presos, como o da pesquisadora em Direitos Humanos Maíra Zapater. Segundo ela, há um grande número de presos provisórios que não têm acesso às urnas. Seria necessário que a Justiça Eleitoral provesse condições para que essas pessoas pudessem exercer esse direito, como a montagem de seções nos estabelecimentos prisionais. Zapater defende ainda que fosse revista a suspensão dos direitos políticos de todos os presos, para que eles pudessem escolher seus candidatos. Diz ela que muito já se pensou a respeito dos direitos das pessoas encarceradas. Na sua visão, seria possível elaborar políticas públicas direcionadas a essa população se seus representantes fossem levados mais rapidamente ao parlamento[36].

Não é apenas a pesquisadora Maíra Zapater que defende essa ideia. Observem o perigo da proposta: são cerca de 750 mil presos, entre provisórios e definitivos. O crime organizado exerce imenso poder dentro do sistema penitenciário. Direcionar a votação seria extremamente fácil. Podemos somar os votos de outros criminosos em liberdade, familiares, "simpatizantes" e ainda há a questão do controle territorial que as organizações criminosas exercem, impedindo a concorrência eleitoral em seus espaços de domínio. Sem contar eleitores que desconhecem o apoio do crime organizado a determinados candidatos. Esses políticos irão somar seus votos aos que conseguem via coerção, dívidas e aliciamentos.

Em uma conta simples: quantos vereadores, prefeitos e deputados podem ser eleitos por esse caminho?

Alguém duvida de um acordo entre as facções, dividindo os votos estrategicamente por região? Eles sabem que colocando vários representantes no Congresso podem abrandar leis ou evitar o endurecimento de penas e facilitar indultos. Podemos garantir que nenhum político observou o potencial desses eleitores?

É interessante para alguns políticos manter o Estado afastado das favelas e periferias, deixando que o crime organizado o substitua. Se não fosse o exercício desse poder, quais seriam as causas de diversas regalias que alguns detentos dentro dos presídios recebem?

Visita íntima

É permitida à população encarcerada a visita íntima de seu(sua) cônjuge ou companheiro(a) para a prática sexual. Inclusive para menores infratores. Pois é: o sistema é tão permissivo quanto cruel. É de conhecimento das autoridades casos de presos que, para pagar dívidas na cadeia ou para garantir sua segurança, força sua companheira a ter relações sexuais com outros detentos. Sem falar que, na ocorrência de gravidez, podem ser criados outros problemas.

Progressão de regime prisional[37]

É a mudança de um regime mais gravoso para um menos gravoso no decorrer do cumprimento da pena, desde que cumpridos alguns requisitos, como dois quintos da pena (40%), se o apenado for primário, e de três quintos (60%) se reincidente.

A progressão pode ir do regime fechado para o semiaberto. No regime fechado, o detento cumpre a pena dentro da unidade prisional. Já no regime semiaberto, o detento sai durante o dia para o trabalho e/ou cursos e deve regressar no período noturno. Esse regime também permite as saídas temporárias.

A progressão seguinte é do regime semiaberto para o aberto, em que o detento trabalha e/ou realiza cursos durante o dia e, no período noturno, cumpre (teoricamente) pena na Casa do Albergado. Na prática, devido à falta de Casas do Albergado, o cumprimento da pena ocorre na própria residência do condenado.

O STF entendeu que, quando não houver vagas em colônia agrícola ou industrial, o que é bastante comum, onde cumprem pena os presos que estão em regime semiaberto, eles passam imediatamente para o regime aberto ou prisão domiciliar.

Entre as exceções se enquadram os crimes hediondos, em que as punições são mais rígidas.

Aliás, uma questão crítica em nosso sistema judicial é que há espaço para entendimentos antagônicos de cada juiz, muitas vezes a depender da vara em que corre a ação.

Remição pelo estudo

Aplicada ao condenado que cumpre pena em regime fechado ou semiaberto. A cada doze horas de frequência escolar, o detento poderá remir (reduzir) um dia da pena. A frequência pode ser presencial ou em EaD (educação a distância).

Remição pela leitura

Os presos a que, por algum motivo, não foi assegurado o trabalho nem o estudo poderão ter a remição através da leitura e resenha do livro lido do acervo da unidade prisional, em que a resenha passa pela aprovação de um juiz. A remição será de quatro dias para cada obra lida, ao limite de doze obras ao ano. O que vale também para cursos por correspondência.

A prática das punições

Quando vemos na TV algum repórter alardear que alguém foi preso por determinado crime e poderá pegar, por exemplo, de um a quatro anos de prisão, não acredite.

Se a pena máxima for de dois anos, ele não ficará nem um dia na cadeia. Se cumprir alguns poucos requisitos, a pena será alternativa, como as conhecidas cestas básicas. Faz sentido e deveria ter efetividade, no entanto as coisas vão piorando.

Se for réu primário, ou seja, que não tenha cometido nenhum crime nos últimos cinco anos, e for condenado a pena de quatro anos, iniciará o cumprimento em regime aberto. Ficará em casa, na prática, sem nenhuma restrição, pois quase não há fiscalização. Se a pena for de até oito anos, inicia em regime semiaberto e logo progredirá para o aberto.

> ### Os regimes de prisão
>
> *Fechado:* condenação de oito anos ou mais;
> *Semiaberto:* condenação de quatro a oito anos sem reincidência;
> *Aberto:* condenação até quatro anos sem reincidência.

Transação penal

Aplicada aos crimes de competência dos Juizados Especiais Criminais, os chamados "crimes de menor potencial ofensivo", com pena máxima de dois anos, ou nas contravenções penais.

A Lei nº 9.099/95 criou o Juizado Especial Criminal, que "tem competência para a conciliação, o julgamento e a execução das infrações penais de menor potencial ofensivo, respeitadas as regras de conexão e continência" (Art. 60).

Apesar de muitas vezes mal compreendido, é um instrumento interessante. Visa a desburocratizar o processo penal e a proporcionar celeridade. Não é reconhecimento de culpa, e sim uma espécie de acordo, portanto não gera antecedentes ou reincidência. As penas são alternativas, como o pagamento de determinados valores para instituições de caridade, prestação de serviços comunitários, entre outras.

Suspensão condicional do processo

É cabível nos crimes com pena mínima não superior a um ano, não importando qual seja a pena máxima[38].

Quanto à suspensão condicional do processo, tanto quanto a transação penal, é preciso deixar claro que a lei trouxe benefícios à sociedade, desburocratizando e desafogando o sistema, além de garantir que a mão do Estado não seja tão pesada em crimes menores.

O que preocupa e não ocorre é que deveria haver um acompanhamento para garantir a certeza de que as punições estão sendo suficientes tanto para a inibição do crime como para que o infrator não volte a cometê-los.

O que vemos, na prática, são criminosos com uma extensa ficha criminal e que muitas vezes se beneficiam desse sistema. Quando isso ocorre, prova-se que em determinados casos o objetivo não está sendo alcançado.

TOLERÂNCIA ZERO

Alguns tipos específicos do Código Penal[39]

Art. 129: Lesão corporal

Pena: Detenção, de três meses a um ano.

Você já deve ter visto aquelas cenas, frequentes na TV, de babás que agridem crianças, de cuidadores que agridem idosos ou deficientes. Sabe quanto tempo eles ficam presos?

Nenhum! No início, aparecem no noticiário sendo presos, mas logo ganham o direito de responder em liberdade. Como geralmente as lesões são leves, a pena é ínfima, e essas pessoas, mesmo se condenadas, já iniciam o cumprimento da pena em regime aberto.

Art. 155: Furto

Pena para furto: Reclusão, de um a quatro anos, e multa.
Pena para furto qualificado: Reclusão, de dois a oito anos, e multa.

Resumidamente, furto é subtrair coisa alheia móvel, sem violência. Se for praticado com destruição de obstáculo, destreza, escalada, mediante fraude, com abuso de confiança, com chave falsa ou em concurso com duas ou mais pessoas, será qualificado (§ 4º).

O furto de veículos é uma epidemia no Brasil, o que afeta a economia de diversas formas, entre elas, com o encarecimento do seguro. É um crime que dificulta muito a prisão em flagrante e, como demonstrado, a investigação no Brasil é quase nula. Caso uma pessoa seja presa em flagrante pelo furto simples, o próprio delegado[40] arbitrará fiança e, se condenado, o autor iniciará o cumprimento da pena em regime aberto. O furto qualificado, com pena de dois a oito anos, na maioria dos casos seguirá o mesmo procedimento. E caso a sentença condene o autor a pena entre quatro e oito anos, o cumprimento se iniciará no semiaberto.

Há outra observação importante: na maior parte dos poucos flagrantes de furto, a situação será de *tentativa de furto*[41], pois a atuação policial impedirá a consumação do ato. Caímos, então, em uma causa

UM PAÍS EM QUE O CRIME COMPENSA

de diminuição de pena, o que reduz o tempo da sentença de um a dois terços em relação ao previsto.

Infelizmente, em nossa realidade, o cidadão comum que sua muito para pagar as prestações de seu carro, bem como licenciamento, IPVA, seguro obrigatório (DPVAT), é fiscalizado constantemente por radares e agentes de trânsito, terá seu bem sempre em risco, pois nesse caso o crime compensa.

Art. 171: Estelionato

Pena: Reclusão, de um a cinco anos, e multa.

Esse é um crime que pode deixar seu autor milionário. A pena é ínfima em comparação ao lucro. A possibilidade de o estelionatário ficar mais tempo na cadeia só ocorre se essa infração for somada a outros eventuais crimes, em caso de concurso (prática de mais crimes do mesmo tipo).

Os golpes vão desde os antigos, como a venda do suposto bilhete de loteria premiado, até transações com criptomoedas. Esse tipo de criminoso é simpático, desinibido e inteligente. É um crime que não necessita de violência e, por isso mesmo, nossa legislação é tão branda. É muito comum, além disso, ouvir políticos e advogados dizerem publicamente que não há motivo para manter encarcerados criminosos desse tipo. Esse discurso parece até uma espécie de *habeas corpus* preventivo.

O prejuízo que o infrator produz na vida da vítima é enorme. Pode ser de uma depressão a até mesmo suicídio, nos casos em que as vítimas acabam dispondo de todas as suas economias.

Art. 121: Homicídio

Pena para homicídio simples: Reclusão, de seis a vinte anos.
Pena para homicídio qualificado: Reclusão, de doze a trinta anos[42].

Um professor universitário de Direito Penal sempre comentava com os alunos, com ironia, que cada brasileiro tinha o direito de

TOLERÂNCIA ZERO

matar uma pessoa. Em um homicídio simples, com bons antecedentes e sendo réu primário, poderia ser condenado a uma pena mínima de seis anos. Porém, com uma condenação inferior a oito anos, poderia iniciar o cumprimento já em regime semiaberto. Em poucos meses, já teria o direito de progredir para o regime aberto.

Renner e os crimes de trânsito

Em 2001, o cantor Renner, da dupla sertaneja Rick & Renner, envolveu-se em um acidente de trânsito em uma rodovia, em Santa Bárbara d'Oeste, interior de São Paulo. Um laudo do Instituto de Criminalística de Americana calculou que a velocidade do carro de Renner no momento em que atingiu frontalmente uma moto com duas pessoas era de, no mínimo, 158,26 km/h. A velocidade máxima permitida no local era de 110 km/h.

Em 2007, Renner foi condenado a três anos e seis meses de prisão por homicídio culposo. Porém, a pena de prisão foi revertida em multa de R$ 244 mil, mais trabalhos voluntários. Segundo matéria do UOL de 2019[43], o advogado de uma das vítimas afirma que Renner nunca pagou a indenização pelas mortes, o que, na época da notícia, com multas e correções, alcançava cerca de R$ 6 milhões.

Em dezembro de 2014, Renner se envolveu em outro acidente automobilístico, foi preso em flagrante e acabou condenado, em 2015, a um ano e quatro meses de prisão em regime aberto. A pena, entretanto, foi convertida em trabalhos voluntários para duas entidades assistenciais.

Art. 329: Resistência; Art. 330: Desobediência; Art. 331: Desacato

Penas: Detenção, variam de quinze dias a três anos.

São crimes contra a Administração Pública. No que diz respeito ao trabalho da polícia, trata-se de uma ferramenta para que um policial seja

UM PAÍS EM QUE O CRIME COMPENSA

obedecido prontamente. Caso ele incorra em abuso, pode ser punido posteriormente, tanto na esfera penal quanto cível e administrativa.

Como se trata de um crime de menor potencial ofensivo, com penas baixas, acaba não alcançando o fim desejado; isso quando o promotor não chega a vislumbrar o cometimento do ilícito e, por isso, nem oferece denúncia. Na prática, ninguém será preso por esses crimes. Na pior das hipóteses, cabem transação penal e suspensão condicional do processo.

O perigo da falta de ferramentas necessárias para que o policial faça cumprir as leis geralmente produz o efeito contrário. No decorrer dos anos, passando por diversas experiências, em resposta ao sentimento de impunidade dos autores de crimes, o agente pode usar a força como punição ao ser desacatado. Obviamente, isso não é correto; contudo é um efeito que muito se observa.

Existe uma lógica por trás desse comportamento: se o agente é obrigado a coibir determinada infração, mas é desrespeitado, e estiver diante de registrar uma punição que não será cumprida, o sentimento é de falta de respeito com seu trabalho e com ele mesmo. Ou ele faz vista grossa, ou executa parcialmente a punição, sabendo que falta uma parte dela.

Da prescrição[44]

Resumidamente, se alguém cometer um crime e, no decorrer de determinado tempo, não se descobrir o autor, ocorrerá a *prescrição punitiva*. Após o lapso temporal, mesmo se o autor for descoberto, ele não será punido. Se o autor de um crime for descoberto e condenado, mas estiver foragido, após certo tempo ocorrerá a *prescrição executória*; ou seja, mesmo que o condenado se entregue, não será efetivamente preso.

Para cada tipo de crime existe um tempo de prescrição previsto no Código Penal. Há alguns exemplos bem conhecidos na mídia, como o do ex-jogador de futebol Edmundo[45], mas a maioria dos casos acaba nem sendo comentada. Apenas os familiares que sofrem a perda é que guardarão na memória a dor e o sentimento de impunidade.

TOLERÂNCIA ZERO

Prescrição punitiva: o caso de Edmundo

O ex-jogador Edmundo passou apenas um dia na cadeia após ter sido condenado por três homicídios culposos e uma lesão corporal culposa. A condenação foi de quatro anos e seis meses, então ele já iniciaria em regime semiaberto. Contudo, a defesa alegou que o crime estava prescrito, apesar de Edmundo ter respondido em liberdade por ainda restar recurso.

Ou seja: matou, esperou mais de dezesseis anos para o resultado do julgamento e aguardou em liberdade por restar recurso, o que serviu como estratégia para a prescrição. Tirou vidas e não pagou nada por seus crimes. Logo após, em junho de 2011, já estava na TV Bandeirantes trabalhando como comentarista esportivo.

Qual mensagem foi passada para a sociedade? O que os parentes das vítimas sentem quando ligam a TV e o veem, sem que ele tenha passado mais de um dia preso pela morte de três pessoas? É disso que decorre a completa sensação de impunidade. Quem segue a lei, sente-se ofendido; os demais, sentem-se seguros para descumpri-la.

O efeito da prescrição é o toque de Midas de alguns advogados cujos clientes possuem muito dinheiro, e os recursos são levados ao STF, que tem dificuldades para julgar um mar de ações e recursos. São apenas onze ministros, e nosso sistema permite que variados tipos de ações cheguem ao Supremo. Políticos e megaempresários costumeiramente se beneficiam desse artifício e utilizam advogados muito próximos a juízes que possuem relações com magistrados em altos cargos públicos. Aliás, a diferença entre um bom advogado e um advogado bom que custa caríssimo são os contatos que possuem.

Auxílio-reclusão[46]

Trata-se de um valor mensal recebido pelos dependentes do preso segurado pelo INSS (não são todos os presos). A família só receberá se a última remuneração do detento for igual ou superior a R$ 1.319,18 (valores de 2020), e será esse o valor destinado ao dependente; ou seja, mais do que um salário mínimo que um trabalhador livre recebe.

Fuga

Apesar de não ser um direito do preso, a fuga não é considerada crime nem eleva a pena por sua tentativa ou sucesso. Apenas acarreta uma punição administrativa. Esse é um grande incentivo para o detento planejar sua fuga diariamente.

Quando você assiste a um filme em que guardas de presídio atiram contra detentos em fuga, saiba que isso não é permitido no Brasil, o que muitas vezes deixa os guardas e policiais em situações confusas por causa das leis: é como se ele tivesse de deixá-los fugir para depois tentar recapturá-los.

Em 2002, dois homens sequestraram um piloto durante um voo panorâmico e pousaram no presídio de segurança máxima José Parada Neto, em Guarulhos. Resgataram dois perigosos presos cujas penas somadas chegavam a 99 anos. O sucesso da ação levou perigo e ameaça de que esse tipo de fuga poderia se tornar uma constante. O governador na época, Geraldo Alckmin, afirmou em entrevista que os policiais agora estavam autorizados a atirar, mas não é bem assim.

O governador não autoriza nem desautoriza ninguém a atirar. O policial deve estar amparado pela lei. No caso, o aceitável seria a excludente de ilicitude legítima defesa[47]; mas, para isso, ele deve estar em perigo atual ou iminente. O simples fato de estar ocorrendo uma fuga não o coloca nessas condições.

Ainda há mais um agravante: o piloto do helicóptero pode não estar envolvido e ser vítima de um sequestro, atuando sob ameaça. A polícia deve evitar colocá-lo em risco.

O policial, tantas vezes atacado pela mídia, outras tantas se sentindo desamparado pelo governo, de acordo com a repercussão do fato, obviamente pensará muito antes de agir. Talvez a solução fosse ampará-lo por outra excludente, a do estrito cumprimento do dever legal[48]. Contudo, esse entendimento não está pacificado e o policial precisaria ter segurança para agir.

TOLERÂNCIA ZERO

Bagunça legislativa

Por serem criadas em momentos acalorados, não são poucas as leis que acabam provocando injustiças, categorizando crimes mais leves com penas pesadas e o seu oposto. Aqui, apenas alguns exemplos:

Injúria racista[49]

Pena: Reclusão de um a três anos e multa.

A injúria, de acordo com o Código Penal de 1940, Art. 140, é "injuriar alguém, ofendendo-lhe a dignidade ou o decoro". O § 3º do mesmo artigo apresenta um tipo específico de injúria (que não deve ser confundida com crime de racismo): "Se a injúria consiste na utilização de elementos referentes a raça, cor, etnia, religião, origem ou a condição de pessoa idosa ou portadora de deficiência", cuja pena é superior à pena de injúria "comum" ("Detenção, de 1 a 6 meses, ou multa").

Em seu livro *Resumo de Direito Penal (parte especial)*, o jurista Maximilianus Cláudio Américo Führer tece comentários sobre ambos os tipos de injúria:

> A pena é sensivelmente maior na hipótese de injúria com o uso (consciente) de elementos referentes a raça, cor, etnia, religião, origem ou condição de pessoa idosa ou portadora de deficiência. [...] Sem embargo das excelentes intenções, trata-se de uma desastrada Emenda introduzida em 1997, com desproporcional aumento na pena. Veja o desatino: para o racista que opera mediante paga (Art. 141, parágrafo único) compensa cegar um dos olhos do desafeto (lesões graves) ao invés de chamá-lo de "mulato deselegante". A pena é bem menor[50].

Isto é, o que o autor explica acima é que a pena pela injúria racista é de um a três anos, sendo que, mediante paga ou promessa de recompensa, a pena aplica-se em dobro, podendo ser estipulada de dois a seis anos. Já o crime de lesão corporal grave prevê pena de um a cinco anos.

Lesão corporal em crimes de trânsito

Outro exemplo é que se um motorista atropelar alguém culposamente (sem intenção) e causar lesão corporal leve (Art. 303 do Código de Trânsito brasileiro) a pena (de seis meses a dois anos) é maior do que se ele atropelasse alguém dolosamente, com a intenção de ferir e causando ferimentos leves, de acordo com o Art. 129 do Código Penal, cuja pena é de três meses a um ano.

Ainda no caso do atropelamento culposo, se a vítima estiver em cima da faixa de pedestre, ou o condutor não possuir carteira de habilitação ou se estiver conduzindo veículo de passageiro no exercício de sua profissão, a pena pode ser aumentada de um terço até a metade[51].

Maus-tratos aos animais quando se tratar de cão ou gato

Sancionada em setembro de 2020, a Lei nº 14.064 altera a Lei nº 9.605, de 1998, acrescendo o § 1- A, aumentando as penas, quando se tratar de cão ou gato, para reclusão de dois a cinco anos.

Assim como os outros casos parece um motivo nobre, mas não seria a verdadeira motivação o palanque político? Quem teria coragem de ser contra?

Há uma grande falha que vai contra alguns princípios do direito: primeiro, eleva a condição hierárquica de cães e gatos entre os animais de estimação, e o pior: a pena é maior do que a de lesão corporal leve (Art. 129 do CP), que é de três meses a um ano, e a de lesão corporal grave (Art. 129 §1 do CP), que é de um ano a cinco anos, praticada contra seres humanos.

A técnica jurídica parece ter sido desprezada em prol da emoção e talvez do oportunismo.

Audiência de custódia

A Lei nº 13.964, de 2019, alterou o Art. 310 do Código de Processo Penal, obrigando a realização de Audiência de Custódia no prazo de 24 horas nos casos de prisão em flagrante delito.

O direito de o preso ser ouvido por um juiz, a fim de que seja detectada qualquer arbitrariedade na prisão, já era previsto pelo Pacto de San José da Costa Rica, parte da Convenção Americana de Direitos Humanos (1969). Os argumentos a favor do instrumento em geral são: assegurar os Direitos Humanos dos presos, evitar abusos de autoridade, dar ao preso a garantia célere do contraditório e desafogar o sistema penitenciário.

Até abril de 2020, ocorreram um total de 655.442 audiências, resultando em: 390.529 prisões preventivas, 264.151 liberdades concedidas, 27.619 serviços sociais, 704 prisões domiciliares e 39.471 relatos de tortura/maus-tratos[52].

Em um primeiro momento, observando a letra fria da lei, parece algo coerente. Temos a imagem de um grande avanço, que apresenta inúmeros ganhos para o sistema judicial e penitenciário, refletindo seu benefício para toda a sociedade.

Para o cidadão comum, aquele que não tem o contato direto com o sistema que opera a Audiência de Custódia, vem à mente o que sabemos muitas vezes por meio dos filmes, seriados ou notícias, sobre como elas ocorrem nos Estados Unidos. O preso é levado ao juiz e, na maioria das vezes, fica preso até julgamento ou é arbitrada uma fiança altíssima.

Contudo não é o que ocorre aqui. Esse é mais um exemplo da ideia boa pelo motivo errado. Tudo leva a crer que a real intenção do instituto é desafogar o sistema penitenciário. Basta observarem as próprias palavras do ministro do STF e presidente do Conselho Nacional de Justiça, Dias Toffoli, que disse que por meio de mutirões e pela Audiência de Custódia almejava reduzir em 40% o número de presos durante sua gestão que se encerrou em setembro de 2020[53].

Na prática, a Audiência de Custódia, além de ensejar a liberdade do preso em flagrante sempre que puder, logo se atém a perguntar ao preso se ele foi de alguma forma maltratado pelo policial que o prendeu.

Pergunto ao leitor: Qual resposta o magistrado espera ouvir de um criminoso?

Em um país em que policiais são assassinados tanto durante o serviço como em seu período de folga, espera-se que o preso não utilize esse artifício para inverter a situação ou pelo menos pôr a legitimidade da ação policial em xeque? E no momento da audiência não há contraditório por parte do policial, fato que pode facilitar a decisão de libertar o preso.

Isso fica claro pela Resolução nº 213/2015 do CNJ, que, entre outros tantos pontos, preconiza que o juiz deve assegurar para que a pessoa presa não esteja algemada (salvo resistência, receio de fuga ou agressividade) e perguntar ao preso sobre o tratamento recebido em todos os lugares por que passou antes de ser apresentado à audiência.

A preocupação maior não está focada nas circunstâncias que levam à conclusão de se o preso cometeu ou não um crime, mas se ele foi bem tratado após cometer o ilícito. Fato esse que constrange a autoridade policial e a desestimula.

Se não bastasse, a Resolução determina ao juiz:

> [...] abster-se de formular perguntas com finalidade de produzir prova para a investigação ou ação penal relativas aos fatos objeto do auto de prisão em flagrante [bem como] indeferir as perguntas relativas ao mérito dos fatos que possam constituir eventual imputação, permitindo-lhes, em seguida, requerer.

Tornaram a presunção de inocência como absoluta, quase que incontestável. Esse era um artifício usado nos inquéritos abertos na época do regime militar, mas que se manteve presente até os dias de hoje.

Fora a questão jurídica, ainda há a questão material. Hoje faltam em muitas cidades recursos materiais à polícia, em termos tanto de pessoal quanto de equipamento para deslocamento de presos, a fim de desempenhar uma função que até pouco tempo poderia ser realizada pelo delegado de polícia. Além disso, a própria Corte Internacional de Direitos Humanos entende que a prisão pode ser apreciada por órgãos administrativos, desde que preencha alguns requisitos.

TOLERÂNCIA ZERO

Vale lembrar, além disso, que a Associação dos Delegados de Polícia do Brasil (Adepol) criticou a permanência da Audiência de Custódia no pacote Anticrime do ex-ministro Sergio Moro.

Acertadamente, os defensores da Audiência de Custódia afirmam que o Brasil é um dos poucos países democráticos que não apresentam o preso ao juiz. Contudo, a questão é a forma com que submeteram essa apresentação. Havendo flagrante delito robusto, não há motivo para que o criminoso fique solto: prova disso são as inúmeras notícias de presos liberados para responder em liberdade pela Audiência de Custódia e que são pegos novamente cometendo crimes semelhantes ou mais graves. Tudo isso deixa a polícia e a Justiça em descrédito com as vítimas, que correm risco de vida após essa liberação e dificilmente irão se arriscar em depor posteriormente contra o agressor, caso sintam essa insegurança.

Um dos vários exemplos tristes do desenrolar de algumas dessas audiências aconteceu em Florianópolis, onde uma juíza liberou um homem preso portando um fuzil AR-15 mais munições e ainda oficiou o Batalhão dos Policiais Militares para que, no prazo de 48 horas dessem explicações pelo fato de o preso ter sido apresentado sem camisa. Graças à promotora, que entrou com recurso, a desembargadora acolheu e decretou a prisão preventiva do criminoso, que foi pego seis horas depois.

9

A questão das drogas

O tráfico de drogas é o crime mais lucrativo no mundo. Por outro lado, há argumentos que defendem a liberação das drogas para uso recreativo como se não houvesse consequências para a sociedade. Também há os que pregam a proibição do uso para qualquer fim.

Entre as tantas questões que acaloram esse debate, confrontaremos apenas dois argumentos que entendemos como mais absurdos: o de que (1) a liberação reduziria o consumo e que (2) abalaria o tráfico de drogas, no sentido de que a rede de tráfico teria sua estrutura prejudicada por essa liberação.

O primeiro eliminamos com uma simples lei de mercado: lei da oferta e da procura. Quanto maior a oferta, menor o preço. Com preços menores, maior acessibilidade e, logo, maior a procura em relação ao mercado anteriormente fechado. Um mercado lucrativo é seguido pela produção em massa, ninguém investe para perder. Deixando de ser crime, também atenderia a uma parcela de pessoas não usuárias devido à eliminação dos freios morais, antes existentes pelo uso ser considerado ilícito.

O segundo argumento, que se refere a atingir o tráfico de drogas devido a uma liberação, é ainda mais hilário. Tráfico é crime organizado, não se limita à venda de um tipo de droga entorpecente: estão envolvidos com tráfico de armas, aluguel dessas armas para cometimento de outros crimes, ligações clandestinas de sinais de TV e internet, transporte coletivo, distribuição de gás, distribuição de água, proteção, prostituição, jogo ilegal, etc.

Mesmo que estivessem limitados apenas à liberação da venda da droga, em nada afetaria o seu comércio. O melhor exemplo que se encaixa nesse contexto é que o maior contrabando de coisa lícita é o de cigarros e ele é liberado para venda. Ainda assim, toneladas do produto são despejadas no mercado nacional. No caso das drogas, nenhuma empresa que paga impostos e direitos trabalhistas a seus funcionários teria condições de concorrer com o preço do tráfico. Pelo contrário, a aquisição de empresas relacionadas com a venda e a distribuição serviriam para a lavagem de dinheiro referente aos outros ilícitos.

Nessa defesa, o ex-deputado federal pelo Rio de Janeiro Jean Wyllys chegou ao tamanho absurdo de dizer que a legalização das drogas empregaria os menores (adolescentes) no morro em que já trabalham no tráfico. O ex-BBB parece não ter noção do conteúdo de sua fala, desde o preconceito em estereotipar o jovem de baixa renda cujas condições o colocaram para morar em locais dominados pelo tráfico, dando a entender que sua única maneira de ascensão social é continuar trabalhando para os traficantes. Da mesma forma, é um absurdo Wyllys acreditar que os criminosos se regenerariam e dariam todas as condições dignas de trabalho e obedeceriam às leis trabalhistas para esse adolescente, sem contar os "benefícios" do trabalho diário com drogas entorpecentes. Seriam como filiais da Souza Cruz. Essa opinião de um outrora deputado e professor universitário chega a surpreender qualquer um que tenha o mínimo de discernimento. Imaginem um adolescente desses apontados pelo senhor Wyllys iniciando uma ação trabalhista contra seus empregadores. Ou algum tipo de fiscalização do Ministério do Trabalho nessas "empresas".

Apesar de toda polêmica, ainda assim a Lei das Drogas[54], em seu Art. 28, trata o usuário com extrema benevolência. Na prática, parece que o uso de drogas entorpecentes não deixou de ser crime por questões políticas, já que de forma alguma o usuário corre o risco de ir para a prisão.

A seguir, a transcrição do artigo:

Art. 28. Quem adquirir, guardar, tiver em depósito, transportar ou trouxer consigo, para consumo pessoal, drogas sem autorização ou em desacordo com determinação legal ou regulamentar será submetido às seguintes penas:

I — advertência sobre os efeitos das drogas;

II — prestação de serviços à comunidade;

III — medida educativa de comparecimento a programa ou curso educativo.

§ 10 Às mesmas medidas submete-se quem, para seu consumo pessoal, semeia, cultiva ou colhe plantas destinadas à preparação de pequena quantidade de substância ou produto capaz de causar dependência física ou psíquica.

§ 20 Para determinar se a droga destinava-se a consumo pessoal, o juiz atenderá à natureza e à quantidade da substância apreendida, ao local e às condições em que se desenvolveu a ação, às circunstâncias sociais e pessoais, bem como à conduta e aos antecedentes do agente.

§ 30 As penas previstas nos incisos II e III do caput deste artigo serão aplicadas pelo prazo máximo de 5 (cinco) meses.

§ 40 Em caso de reincidência, as penas previstas nos incisos II e III do caput deste artigo serão aplicadas pelo prazo máximo de 10 (dez) meses.

Ou seja, se alguém for preso consumindo qualquer tipo de droga, no máximo (e se tiver condições) prestará serviço à comunidade. Se for pego novamente, assim que sair da sala do juiz que lhe proferiu essa sentença, a pena será a mesma. Se todos os dias enquanto cumpre sentença for pego no mesmo ilícito, continuará da mesma forma.

Observe agora o parágrafo § 6º:

§ 60 Para garantia do cumprimento das medidas educativas a que se refere o caput, nos incisos I, II e III, a que injustificadamente se recuse o agente, poderá o juiz submetê-lo, sucessivamente a:

I — admoestação verbal;

II — multa.

Caso o condenado se recuse a prestar o serviço ou a comparecer ao programa educativo, ele poderá receber uma multa (se tiver condições de pagar) ou uma "admoestação verbal", quer dizer, uma bronca do magistrado. "Ah, que menino malcriado! Não faça mais isso!"

A questão aqui não é se o leitor é contra ou a favor da liberação, e sim a ineficácia completa da lei. Uma lei só é eficaz se a sanção for capaz de inibir o cometimento do crime e se for mais rigorosa na reincidência, principalmente, se a sentença não for cumprida.

Como fazer um usuário de crack prestar um serviço comunitário? Como obrigá-lo a pagar uma multa, levando em consideração que a grande maioria, com o desenvolvimento da dependência, mora na rua? A solução mínima para atender à vontade do legislador e manter o mínimo de coerência na punição seria facilitar e dar maior aplicação à internação compulsória para aqueles com alto grau de dependência.

Essa farsa de continuar mantendo o uso de drogas sob uma "aparência" de crime acaba obrigando o policial a cometer um crime mais grave, o de prevaricação[55]. Sabendo que não há punição adequada, que certamente o patrulheiro seria mal recebido no Distrito Policial (onde o escrivão e o delegado estarão atolados em serviços referentes a crimes graves), ele fará vista grossa. Prova disso são as cracolândias espalhadas por todo o país, e usuários acendendo seus cachimbos até mesmo na frente de escolas.

A seu favor, o policial se justificará que para a condução de um usuário de drogas ao Distrito Policial vai retirar do setor de patrulhamento uma viatura e no mínimo dois policiais que deveriam estar ali fazendo o policiamento preventivo, ou seja, o ônus será maior para a sociedade. Sem contar o custo altíssimo ao erário de um processo ineficaz.

Isso é um círculo vicioso de uma lei mal redigida.

O tráfico de drogas e, consequentemente, seu uso influenciam em quase todos os índices criminais, o que parece ser ignorado pelas autoridades, pois tráfico não gera estatística. Ninguém vai para um Distrito Policial "dar queixa" de tráfico, o que pesa na velha sensação de insegurança. Contudo, devido ao tráfico, ocorrem crimes gravíssimos que afetam até mesmo a segurança nacional. E o usuário também participa dessas estatísticas cometendo desde pequenos furtos até latrocínios, e também sendo vítima de homicídio ou cometendo suicídio.

Foco no traficante ou no usuário?

Os programas de Tolerância Zero nos Estados Unidos combateram a epidemia de crack de forma dura não apenas contra os traficantes e contra o crime organizado, mas inclusive contra o usuário — o que de certa forma foi considerado um equívoco nesse ponto, pois encarcerou, junto a criminosos perigosos, usuários sem nenhum outro vínculo com o crime. Essa estratégia provocou graves consequências, sem falar no enorme gasto público, algo que os próprios criadores desse programa em Nova York admitem.

Trata-se de uma crítica técnica com base nos fatos do passado. Essa política de encarceramento, além da previsão de outras penas graves para o usuário, foi e deve ser corrigida, pois um programa não deve ser engessado e pode ser constantemente aprimorado, desde que haja seriedade na aferição dos resultados.

E qual seria a solução?

A questão das drogas é um mal tanto criminal como social, que afeta diretamente o sistema de saúde e a economia. É necessário atacar em várias frentes. O Poder Público deve disponibilizar tratamento para os que desejam ser socorridos. Havendo essas vagas, deverá ser aplicada a internação compulsória aos viciados que já não conseguem tomar as próprias decisões. Afinal, estando incapazes de exercer vontade livre do efeito das drogas, estão da mesma forma impossibilitados de buscar ajuda, o que faz deles não somente um risco a si mesmos como também a terceiros.

Apesar do avanço da Lei nº 13.840, de 5 de junho de 2019, que promoveu alterações na Lei das Drogas, esta ainda permanece branda e deveria ser ampliada.

A internação compulsória deveria atingir, além desses, os usuários que não cumprem as sentenças judiciais relativas a condenações previstas na Lei das Drogas; ou seja, aquele que não paga a multa ou não cumpre o trabalho comunitário em decorrência de dependência química comprovada. Se o não cumprimento da sentença estiver ligado apenas à negação desmotivada, à desídia ou a qualquer motivo não justificado, caberia sim a pena de prisão.

Outra solução interessante adotada por algumas cidades dos Estados Unidos foi a aplicação de multas pesadas a quem fosse flagrado utilizando drogas. Essa medida desonera muito o Estado. Não é necessário retirar a viatura de seu módulo de patrulhamento, não é acionado escrivão, delegado, Poder Judiciário e nem um eventual defensor público. Nesse sentido, a fé pública do policial tem mais ênfase, caso se entenda uso de drogas como apenas um ilícito cuja punição tem cunho administrativo.

A questão é que no Brasil a cobrança de uma multa é difícil. Aliás, até mesmo a identificação do indivíduo é complicada, pois a lei não o obriga a portar documentos. O não pagamento de uma multa desse tipo, nos Estados Unidos, que custa US$ 500, pode ensejar a prisão (atrás das grades de verdade).

O Código Brasileiro de Trânsito é prova de que multa somada a uma fiscalização eficiente dá certo. Uma aplicação ágil desse tipo seria um estímulo para o policial. Poderiam até mesmo parar de fingir e deixar de tipificar o Art. 28 como crime. O que não pode ocorrer é uma legislação deficiente, um engodo que estimula o policial a não cumprir a lei, ainda mais que, muitas vezes, quando cumpre, é malvisto por onerar o serviço.

Na verdade, associa-se a liberação das drogas apenas com o prazer individual, e seus defensores não estabelecem relação com os índices criminais. O usuário de drogas brasileiro não é o usuário holandês, e isso deve ser levado em consideração. É um tema que vai muito além da liberdade individual, pois atinge as liberdades dos demais cidadãos. Afinal, diversos crimes estão relacionados ao uso de drogas, bem como a oneração do sistema de saúde, ao aumentar os casos de psicopatologias.

Fato é que, a favor ou não da liberação das drogas, muitos países estão liberando as que são consideradas leves, não só para fins medicinais (o que muitas vezes não deixa de ser uma fachada), como para recreação. É uma realidade que temos de enfrentar, seja qual for o caminho. Se essa medida trará malefícios ou benefícios, ainda é cedo para afirmar.

A questão das drogas é o problema mais complexo da segurança pública, por lidar com o grande poder econômico dos traficantes, com a guerra política e com o fato de atingir as áreas de segurança, saúde e desigualdades sociais. Portanto, medidas simplistas não funcionam e soam populistas.

Focar as políticas nos usuários já se provou pouco eficiente, como foi constatado nos Estados Unidos, contudo não quer dizer que o Estado deva abrir mão da punição. Para algumas pessoas pode parecer confuso ora pedir mais punição, ora defender um abrandamento da lei. Para nossos legisladores isso também é confuso. Basta vermos as discrepâncias do "oito ou oitenta" presentes na legislação. Faltam equilíbrio, harmonia e razão. A atuação repressiva somada à Justiça na dosimetria da pena e às ações mais duras para os traficantes, principalmente no que diz respeito aos seus bens, é uma das saídas.

Quanto aos usuários, o Estado deve prover condições para a internação voluntária, e a Justiça deve encaminhar os casos que entender necessários para a internação compulsória, o que, no Brasil, enfrenta uma luta que também versa sobre o que é de fato necessário e seria a melhor punição/recuperação para o usuário sem controle, bem como para a segurança da sociedade.

Quanto a alguns políticos que defendem essa internação, cabe lembrar que antes disso deve haver vagas para os que procuram ajuda e o Estado não oferece vagas para o tratamento. Se isso acontece na capital mais rica do país, é de esperar que outras regiões brasileiras apresentem quadros ainda mais graves.

O combate ao crack em São Paulo

As *crack houses* foram um grande problema para a polícia de São Paulo, e as ações de Redução de Danos que ocorreram na cidade, que ainda geram polêmica, ajudaram a piorar a situação.

No final de 2013, o então prefeito de São Paulo, Fernando Haddad iniciou o programa De Braços Abertos, cujo foco era a Cracolândia do centro da cidade. O programa era focado na política de Redução de Danos e tinha o objetivo de "reabilitar" os dependentes do crack. Oferecia hospedagem em hotéis na região para dependentes que viviam nas ruas e pagava uma bolsa de (na época) R$ 15,00 por quatro horas de trabalho diário na limpeza urbana, espaços públicos muitas vezes sujos pelos próprios dependentes.

No início até que pareceu funcionar; o apelo social é sempre sedutor. Os barracos que impediam a passagem pelas calçadas seriam destruídos em troca da acomodação nos quartos de hotéis, vários assistentes sociais cadastrariam os usuários, dando auxílio, informativos sobre o programa etc.

O que aconteceu foi que acabaram sendo criadas as *crack houses*, semelhantes às de Nova York, e se tornou mais difícil combater o tráfico naquele local. Os programas de redução de danos nunca se incomodaram com o uso de drogas no sentido criminal, apenas na esfera social e de saúde, então não empenharam esforços para auxiliar qualquer tipo de coibição.

Permanecia a dificuldade de o policiamento ostensivo, fosse da Polícia Militar ou da Guarda Civil Metropolitana, realizar alguma abordagem no local diante de um exército de viciados em defesa de seus traficantes. O problema só não se tornou pior devido à rivalidade que existia entre a prefeitura (PT) e o governo do estado (PSDB), de forma que não demorou muito para as coisas começarem a ser reveladas. O tráfico já havia se adaptado ao modelo e sentia-se mais seguro para continuar os negócios, até que o Departamento Estadual de Prevenção e Repressão ao Narcotráfico (Denarc) deflagrou uma operação no final de janeiro de 2014 e mostrou o que estava de fato acontecendo.

Como se não bastasse o fracasso da ideia que criou nossa versão das *crack houses*, foi descoberta uma rede de corrupção instalada nos órgãos públicos. Empresas-fantasmas, dinheiro desviado, financiamento do tráfico e trabalho social mal realizado.

A QUESTÃO DAS DROGAS

A operação do Denarc na Cracolândia, em 2014

Na tarde do dia 23 de janeiro de 2014, agentes do Departamento Estadual de Prevenção e Repressão ao Narcotráfico (Denarc) realizaram ação para prender traficantes na região da Cracolândia, em São Paulo. No episódio, cerca de trinta suspeitos foram levados para averiguação.

O prefeito chegou a convocar uma coletiva em que criticou a operação do Denarc, afirmando que a Polícia Civil não havia "pactuado" a ação com a prefeitura, que teria sido surpreendida pela operação, inclusive o secretário municipal de Segurança Urbana, Roberto Porto, que estava no local no momento da ação.

Em nota, a prefeitura declarou que agentes municipais trabalhavam havia seis meses para conquistar a confiança e obter a colaboração das pessoas atendidas e manifestou sua preocupação com incidentes como o da ação policial, que poderia comprometer a continuidade do programa.[56]

A Polícia Civil não iria ignorar os ataques de Haddad feitos pela mídia. Em 2016, os jornais deram a nova notícia.

A prefeitura havia contratado a ONG Brasil Gigante, sem licitação, e os hotéis que serviam para abrigar os viciados se tornaram centros de distribuição de droga e até serviram para tribunais do crime. O Corpo de Bombeiros chegou a afirmar que aquelas instalações não tinham condições para receber pessoas, muito menos possuíam alvará. A prefeitura trocou a ONG, escolheu a Adesaf, e nada mudou. A logística do crime foi ampliada e melhorada. A Polícia Militar tinha certeza de que isso iria acontecer.

Em agosto de 2016, o Denarc realizou uma megaoperação com apoio do Batalhão de Choque da PM, envolvendo mais de quinhentos policiais. O prédio do Cine Marrocos, que pertence à prefeitura, havia sido invadido pelo Movimento dos Trabalhadores Sem Teto (MTST). O Denarc havia descoberto que a Adesaf era uma fachada para encobrir a rede de tráfico de drogas comandada pelo Primeiro Comando da Capital (PCC): a droga saía de lá e era distribuída na Cracolândia.

TOLERÂNCIA ZERO

"Era a base do crime organizado. Eles se reuniam mensalmente aqui. Inclusive definiam que traficante iria morrer, um verdadeiro tribunal do crime", disse Ruy Ferraz Fontes, diretor do Denarc ao G1[57], e concluiu: "As pessoas do movimento não tinham relação com o esquema. A ocupação era usada como fachada. Inclusive, tem pessoas que eram obrigadas a pagar para os traficantes".

O Ministério Público descobriu que parte dos recursos públicos tinha sido depositada em contas particulares, como por exemplo, na conta de um gerente do Hotel Lucas, e lá funcionava um laboratório. Ao todo, trinta e duas pessoas foram presas, e apreendeu-se dinheiro, um fuzil AK-47, três escopetas, duzentas facas, quinze quilos de crack, vinte e cinco quilos de maconha e radiocomunicadores. Estima-se que eram comercializados dez quilos de droga por dia e que se gerava R$ 4 milhões por mês. A prefeitura reclamou que não havia sido avisada da operação.

O programa De Braços Abertos era completamente equivocado?

Há pontos interessantes na ideia do De Braços Abertos, como o controle inicial, catalogando cada dependente daquela região, e assim montar uma estratégia. Retirá-los da rua, em um primeiro momento parece ser bom, acabaria ou reduziria o consumo de drogas e o tráfico a céu aberto, ocasionaria o retorno da circulação de veículos e transeuntes nas vias antes ocupadas, e, com otimismo, até a possível redução dos crimes da região.

A avaliação psicológica de cada dependente químico também serve para traçar estratégias para a recuperação, busca de apoio familiar etc. O Estado deve em todo programa combativo ainda oferecer a saída do círculo vicioso, no qual o traficante é visto como amigo. Assumir o controle dos locais públicos é uma função do Estado.

Contudo, ao oferecerem moradias nas redondezas, deveriam ter avaliado que dentro de um prédio o consumo seria mais seguro e difícil de coibir. A política de redução de danos não se importa em dificultar o acesso às drogas, pois busca que o dependente saia do vício por compreensão à sua situação e por esforço próprio, com auxílio social, sem coerção. Com isso, boa parte dos que estão envolvidos nessa

A QUESTÃO DAS DROGAS

política de tolerância aos pequenos delitos não se incomoda com o tráfico de drogas, especialmente quando se trata do que chamam de "pequeno traficante".

O programa não teve nenhum cuidado com a manutenção da segurança do restante da população, pois a preocupação se resumiu aos usuários da droga. Também não havia estratégia para o combate ao tráfico. Há um pensamento de que a segurança pública é coisa de polícia, o que é um grave erro. Segurança Pública é um conjunto de fatores em que toda a sociedade deve estar unida para resolver o problema. Os programas de Tolerância Zero entendem isso.

O tráfico de drogas movimentava milhões, como foi provado pela investigação do Ministério Público. Obviamente se adaptaria à nova situação, no caso, ficou mais fortalecido e faturou mais. Se fosse afetado pelo programa, reagiria de algum modo, provavelmente com violência. E foram incapazes de prever qualquer situação nesse sentido, pois em nenhum momento planejaram obstáculos para o tráfico.

Com muitas falhas a serem corrigidas, o programa De Braços Abertos foi interrompido com a troca da administração municipal. Um programa dessa complexidade necessita de logística e estratégia com um campo amplo de entendimento, e persistência. Porém, com foco no aspecto social e de saúde, mas ignorando a repressão ao tráfico para cessar a oferta do produto, não tinha como funcionar.

As políticas de redução de danos

De acordo com a Associação Internacional de Redução de Danos (IHRA)[58], "redução de danos é um conjunto de políticas e práticas cujo objetivo é reduzir os danos associados ao uso de drogas psicoativas em pessoas que não podem ou não querem parar de usar drogas. Por definição, redução de danos foca na prevenção aos danos, ao invés da prevenção do uso de drogas; bem como foca em pessoas que seguem usando drogas".

Um alerta: sempre que você ouvir a expressão "redução de danos", desconfie. Alguns grupos que trabalham nesse sentido podem destoar do que a população deseja.

Em verdade, a redução de danos é uma abordagem alternativa e diferente da "filosofia do proibicionismo", pois, ao partir da premissa de que há usuários de drogas, buscam integrá-los à sociedade e adotar estratégias de minimização dos efeitos dessa prática e da sua administração, sem necessariamente exigir a abstinência. Ou seja, em vez de resolver o problema, "integrar" os efeitos desse problema no contexto da sociedade.

Segundo seus defensores, possibilitaria uma melhor compreensão do fenômeno e da identificação de vulnerabilidades de seus usuários, estruturando-se em uma política de saúde pública em consonância com a dignidade da pessoa humana.

Dessa forma, analisando-se o histórico dessas ações em um contexto global, confronta-se com a possibilidade de sua adoção no ordenamento jurídico brasileiro, dados os efeitos negativos provocados por uma política proibicionista. É o chamado Proibicionismo Moderado, que tenta uma simbiose entre os dois sistemas por meio da diferença de tratamento conferida a usuários e traficantes, mas que encontra dificuldades concretas de implementação de estratégias de redução de danos.

Ofertando seringas

As primeiras tentativas de redução de danos no país ocorreram em Santos, São Paulo, em 1989, com o objetivo de troca das seringas. Em 1993, os envolvidos foram reconhecidos como agentes de saúde. E em 1995, em Salvador, Bahia, foi instituído o primeiro programa de redução de danos com troca de seringas, coordenado pelo Centro de Estudos e Terapia do Abuso de Drogas, da Faculdade de Medicina da Universidade Federal da Bahia. Até que, em 1997, foi sancionada no estado de São Paulo a primeira lei que legalizou a troca de seringas (Lei nº 9.758/1997).

Em 2004, com a instituição da Política de Atenção Integral a Usuários de Álcool e Outras Drogas, no âmbito do Sistema Único de Saúde (SUS)[59], a redução de danos passou a informar as ações de saúde. Em 2005, fortaleceu-se com as ações em Centros de Atenção Psicossocial para o Álcool e Outras Drogas (CAPSAD)[60]. A Secretaria Nacional Antidrogas (SENAD) aderiu à redução de danos como uma das estratégias da

A QUESTÃO DAS DROGAS

Política Nacional de Drogas[61], destacando que essa política não deveria ser confundida com o incentivo ao uso de drogas.

Uma experiência pessoal

No início dos anos 2000, cheguei a participar como espectador de algumas palestras de movimentos que lutavam para implantar a política de redução de danos. Na época, havia muito medo do contágio do HIV pelo uso de agulhas compartilhadas entre dependentes de drogas injetáveis. Determinada ONG arrecadava verba e trabalhava para a distribuição de um kit com seringas, agulhas e preservativos para propensos usuários de heroína.

No entanto, a primeira objeção é a questão legal, que pode ser compreendida como incitação ao crime, de acordo com o Art. 286 do Código Penal ("incitar, publicamente, a prática de crime"), além de ir contra outros princípios legais. Em contrapartida, os defensores dessa política detêm em seu melhor argumento o Art. 196 da Constituição Federal:

> Art. 196. A saúde é direito de todos e dever do Estado, garantido mediante políticas sociais e econômicas que visem à redução do risco de doença e de outros agravos e ao acesso universal e igualitário às ações e serviços para sua promoção, proteção e recuperação.

Esse tipo de debate, em razão da legalidade, perdeu a razão de ser, visto que a legislação exposta aqui aderiu à política.

Contudo, a crítica mais consistente é quanto ao incentivo ao uso da droga: o uso de drogas injetáveis não é culturalmente algo tão disseminado no Brasil. Representa um número proporcionalmente muito pequeno em relação aos usuários de outras drogas, e esse tipo de ação passa a incentivar o uso desse tipo de entorpecente.

Lembro que uma das palestrantes, em determinado momento, falou com orgulho que em um país da Europa esse programa tinha chegado até mesmo aos presídios, onde seringas e agulhas eram distribuídas.

Ao permitir perguntas, a palestrante ficou constrangida com meu questionamento:

"Por que em vez de despenderem esforços para distribuírem seringas e agulhas para condenados, muitos por tráfico de drogas, não se esforçam para impedir o tráfico e o consumo dos entorpecentes dentro de um presídio, onde em tese seria o local de maior controle do Estado?".

Houve aplausos pela pergunta, e nenhuma resposta.

10

Os sistemas de polícia brasileiros

Embora não seja objeto deste livro, a história das polícias no Brasil é interessante desde a sua criação e a participação em guerras, revoltas e revoluções. Após várias estruturas e unificações, hoje consiste basicamente na Polícia Militar, Polícia Civil e Polícia Federal. Há também a Polícia Ferroviária e a Polícia Legislativa, que escolhemos deixar de fora neste recorte.

As Polícias Militar e Civil

A Polícia Militar é a polícia administrativa, responsável pelo policiamento ostensivo e preventivo nas cidades e nos municípios. A Polícia Civil é a polícia judiciária, responsável pela investigação, ou seja, pela repressão ao crime já ocorrido.

O Brasil optou por investir mais no policiamento ostensivo. Como o efetivo é bem maior do que o da Polícia Civil e os agentes estão constantemente nas ruas, em vários programas de patrulhamento, acabam se deparando diariamente com a criminalidade, o que resulta em prisões em flagrante delito — a imensa maioria. Também é fato que a Polícia Militar acaba sendo empregada em qualquer missão, algumas vezes distante de sua natureza.

Na prática, essas divisões acabam promovendo burocracias que atrapalham a punição dos delitos.

Inquérito policial

Diferentemente do restante do mundo, com exceção de Quênia, Uganda e Indonésia, o Brasil insiste na peça inquisitória chamada de Inquérito Policial. Só esse motivo seria suficiente para uma ampla discussão sobre a necessidade de sua extinção, bem como um estudo de Direito Comparado, a fim de migrarmos para uma maneira mais eficiente de encaminhamento da escrituração criminal da polícia diretamente para o Judiciário.

O inquérito é procedimento policial administrativo de caráter investigativo presidido pelo delegado de polícia. Sendo assim, como a maioria dos flagrantes por crime é conduzida por policiais militares até gerarem inquéritos na Polícia Civil, na prática os distritos policiais passam o dia atendendo ocorrências e produzindo inquéritos, empenhando os delegados nessa função. São as delegacias especializadas que acabam realizando a maior parte das investigações.

O cidadão comum tem dificuldade de entender essa sistemática, não sabe quando deve se dirigir a um quartel ou a uma Delegacia de Polícia (DP), se deve chamar uma viatura da PM ou uma da Guarda Municipal, e nem quer saber, pois deseja apenas resolver o seu problema, como deveria ser.

Nos países desenvolvidos, o policial que dá a voz de prisão conduz a ocorrência até o final, levando-a à Justiça sem intermediários.

Se não bastasse um, temos dois inquéritos. A PM também utiliza este instrumento: o Inquérito Policial Militar. O racional seria sua extinção. Isso é o que defende a própria Polícia Federal, ideia corroborada pela proposta presente no Projeto de Lei nº 7.402/14. Todo procedimento do tipo gera um custo considerável que parece ser ignorado. A polícia ganharia agilidade, liberaria o policial para a atividade-fim (investigação) e reduziríamos custos.

Modelo de polícia única

Uma das possibilidades que se adequariam ao nosso país seria um modelo de polícia única, como adotado nos Estados Unidos e em grande parte dos países democráticos desenvolvidos. Devido às nossas características culturais e à grande extensão territorial, o sistema semelhante ao norte-americano parece ser o mais adequado. No entanto, isso é algo praticamente impossível: todos os argumentos contrários envolvem paixão e corporativismo de ambos os lados, e há a velha questão de acreditar que no Brasil certas coisas só funcionam se forem de ordem militar.

Nosso atual sistema gera um custo altíssimo pelo fato de o mesmo trabalho ser feito duas vezes, como dois tipos de boletins de ocorrência e também grupos de policiamento semelhantes em cada instituição, além de gerar atrito, falta de hierarquia única, entre outros inconvenientes que dificultam atingir os objetivos propostos.

A ideia não seria uma simples unificação, e sim um novo modelo de polícia, obviamente sem descartarmos os programas de policiamento que geram bons resultados. Nossa polícia é eficiente, a questão é que há espaço para melhorar muito, desburocratizar, alinhar a estrutura, otimizar meios e direcioná-los totalmente para a redução dos índices criminais e o combate ao crime organizado.

Somente a economia em instalações, arquivos, eliminação de documentos, padronização, comando único em diversas funções já seriam argumentos suficientes para que isso ocorresse imediatamente.

Ciclo completo de polícia

Dentro do atual sistema, o mais próximo de nossa realidade em termos de melhorias a ser implementadas, e até mesmo para a adequação prévia para a implantação de um programa de Tolerância Zero, seria a adoção do ciclo completo de polícia.

Esse modelo evitaria essa grande ruptura, e as polícias continuariam com suas características e funções definidas, contudo a Polícia Militar, ao efetuar uma prisão em flagrante delito, não necessitaria mais conduzir para um Distrito Policial. Sem a necessidade do aval de um delegado, tomaria as demais providências. Um único policial conduziria totalmente a ocorrência, desde seu início até o fim, como ocorre em outros países. Com menos intermediários, evita-se a corrupção, e também que a ratificação ou retificação da prisão se transforme em uma arma para resolver intrigas.

TOLERÂNCIA ZERO

Alterando ou não nosso sistema de policiamento, um programa de Tolerância Zero é voltado para que a polícia *combata o crime*. Parece óbvio, mas não é bem assim em nossa realidade. Em Nova York isso foi observado, pois, quando a polícia agia na prevenção, praticamente ignorava pequenos delitos, de forma que a estratégia foi corrigida.

Hoje temos uma Polícia Civil muitas vezes desequipada, com baixo efetivo, delegados e escrivães atolados em inquéritos e outras questões burocráticas. Utilizam viaturas caracterizadas que de nada servem para o tipo de policiamento que deveriam realizar.

A quem interessa uma Polícia Civil inoperante? Imaginem o medo dos deputados estaduais, governadores, prefeitos e vereadores em terem no seu encalço uma Polícia Civil dedicada exclusivamente à investigação e repressão de crimes.

Observem a evolução da Polícia Federal nesse sentido, que, até o início da década de 1990, mal aparecia. Após renovação em seus quadros, um grande aumento de salário, que gerou melhores candidatos, investimento em tecnologia e técnicas de investigação, começou a desbaratar grandes quadrilhas sem precisar disparar um único tiro, até chegar a grandes empresários e políticos.

Guardas Municipais

Esse é mais um assunto polêmico por envolver a paixão pela profissão, o que muitas vezes acaba fugindo à razão, devido à vontade de querer fazer mais pela Segurança Pública, o que na verdade é o anseio de todos. Infelizmente, por vezes, outros interesses acabam se sobrepondo.

O Art. 144, § 8º, da Constituição Federal versa sobre as atribuições das Guardas Civis ou Municipais: "Os municípios poderão constituir guardas municipais destinadas à proteção de seus bens, serviços e instalações, conforme dispuser a lei".

No entanto, as guardas estão ganhando cada vez mais espaço quando o assunto é segurança pública: o cidadão quer seu problema resolvido, e não importa quem o resolverá.

Os Estados Unidos são o exemplo mais marcante onde as forças policiais são municipais. Deu tão certo que além da redução da criminalidade

OS SISTEMAS DE POLÍCIA BRASILEIROS

desde a década de 1980, suas forças especiais (SWAT) são reconhecidamente eficientes. Obviamente há outras questões, como a legislação dura. E como já mencionamos, essa independência municipal foi fundamental para a implantação do programa de Tolerância Zero em diversas cidades.

A necessidade de reduzir ou pelo menos manter os índices criminais tolerados nas cidades brasileiras, somada ao oportunismo político, algumas vezes acaba colocando os guardas em situações perigosas ou até mesmo jogando contra parte da população.

É nítido que a maioria do efetivo das guardas tem o objetivo de ter o "poder de polícia" para atuarem em ações típicas de polícia na cidade em que atuam. É nesse ponto que surgem alguns obstáculos que acabam desviando as guardas do caminho.

A primeira questão é a incompreensão do sentido de "poder *de* polícia", confundido por muitos como "poder *da* polícia". É um conceito complexo que às vezes acaba confundindo até mesmo profissionais da área jurídica. Para ter ideia dessa complexidade, sua definição legal está no Código Tributário Nacional:

> Art. 78. Considera-se poder de polícia atividade da administração pública que, limitando ou disciplinando direito, interesse ou liberdade, regula a prática de ato ou abstenção de fato, em razão de interesse público concernente à segurança, à higiene, à ordem, aos costumes, à disciplina da produção e do mercado, ao exercício de atividades econômicas dependentes de concessão ou autorização do Poder Público, à tranquilidade pública ou ao respeito à propriedade e aos direitos individuais ou coletivos.

Dessa forma, agentes da Administração Pública que têm por incumbência condicionar o exercício dos direitos individuais ao bem-estar coletivo usam "poder de polícia", não no sentido policial da coisa, mas dentro de suas funções específicas, como, por exemplo, um agente de trânsito, um oficial de justiça. Contudo, nem por isso eles detêm o poder de abordar um indivíduo em atitude suspeita e realizar uma busca pessoal, nem em parar um veículo particular e exigir documentação, verificar os itens de uso obrigatório etc.

Para que as Guardas Civis alcancem poder de polícia no sentido de realizarem abordagens a indivíduos em atitude suspeita e realizar a busca pessoal autorizada pelos Art. 244 e 249 do Código de Processo Penal[62], para que, com isso, possam reduzir a criminalidade de seu município de forma mais eficaz, a primeira coisa a fazer é entender essa complexidade jurídica e lutar para alterarem a legislação e assim obterem garantias de que terão completo respaldo da lei para agir.

Os altos índices criminais foram fatores para que em algumas cidades as Guardas Municipais, sem respaldo jurídico, fizessem parte do trabalho que seria das polícias. Isso foi marcante em São Paulo, quando o então prefeito Paulo Maluf deu ênfase para a GCM. Não bastassem as divergências entre Polícia Militar e a Polícia Civil, ocorreram outros desgastes envolvendo a Guarda Civil Metropolitana, normalmente na questão de busca pessoal e abordagem a veículos.

O caso de Praia Grande, São Paulo

Na cidade de Praia Grande, no litoral do estado de São Paulo, devido à longa extensão territorial e ao baixo efetivo da Polícia Militar em relação à população flutuante, que chega a quadruplicar em algumas datas na temporada, desde a década de 1990 a Guarda Municipal local é uma grande ferramenta para manter os índices criminais ao menos toleráveis.

No entanto, os problemas lá enfrentados foram semelhantes aos da capital. O guarda, mesmo com a melhor das intenções, corre o risco de responder por um abuso. Há extenso histórico de julgados a esse respeito, e alguns acreditam erroneamente que a Lei no 13.022/2014, que dispõe sobre o estatuto geral dos guardas municipais, concedeu a eles o poder de polícia no sentido de dar-lhes a possibilidade de realizarem buscas pessoais[63].

Outras cidades também investiram em suas guardas municipais e obtiveram bons resultados, cada uma com suas características, contudo é necessário o amparo legal para proteger os agentes no desempenho de suas funções.

Juiz proíbe Guarda Municipal de abordar pessoas e investigar crimes[64]

Guardas municipais não podem fazer abordagens e revistas em pessoas, pois têm o papel restrito de proteger bens, serviços e instalações do município. Assim entendeu o juiz José Daniel Dinis Gonçalves, da Vara da Fazenda Pública da Araçatuba (SP), ao proibir que a Guarda Municipal da cidade execute atividades próprias de polícia. Ele também declarou inconstitucionais dois dispositivos da Lei no 13.022/2014, que criou um estatuto geral para essas instituições.

A ação foi movida pelo Ministério Público estadual em 2015, depois que o comandante da GM de Araçatuba anunciou à imprensa o início de novas atividades, como patrulhamento preventivo e abordagens de cidadãos nas ruas. A prefeitura respondeu que as declarações foram "episódicas", sem refletirem a conduta geral dos guardas municipais, mas o MP disse que "há vários anos" vinha registrando reclamações de desvio de finalidade.

Embora já tramite ação no Supremo Tribunal Federal questionando a lei federal (ADI 5.156), o Ministério Público alegou que moradores de Araçatuba não poderiam aguardar o julgamento "abandonados à própria sorte, sendo abordados e tendo seus direitos fundamentais violados".

O juiz determinou que a instituição "se abstenha de efetuar atividades próprias de polícia, tais como investigações, diligências para apuração de crimes, abordagens e revistas em pessoas", sob pena de multa (cujo valor ainda será fixado). E, "na hipótese de notícia de ocorrência de crime", deve comunicar as autoridades competentes, exceto em situação de flagrante delito.

O professor Pedro Serrano, da área de Direito Constitucional da PUC-SP, também considera a medida adequada.

Sobre o mérito, Serrano diz que a GM deve se limitar a cuidar do patrimônio público, e não de pessoas, pois as atividades de segurança pública são típicas dos estados. "Se verificarem alguém cometendo um crime em flagrante, como qualquer cidadão, têm direito de dar voz de prisão", aponta o professor.

TOLERÂNCIA ZERO

No artigo a seguir, o professor de Direito Penal e delegado de polícia Rafael Farias Domingos expõe de forma impecável a constitucionalidade da Lei no 13.022/2014, mas é preciso muita atenção e interpretação jurídica, pois ele reforça que não há conflito de atribuições das polícias e está claro no Art. 144 da CF, no tocante às funções de polícia administrativa e judiciária, principalmente sobre busca pessoal.

Estatuto Geral das Guardas Municipais: análise dos dispositivos da Lei nº 13.022/2014[65]

O legislador faz distinção entre atribuição geral e atribuições específicas das Guardas Municipais. A primeira se relaciona à proteção de bens, serviços, logradouros públicos municipais e instalações do município, conforme estabelece o Art. 4o do diploma analisado. Neste dispositivo, percebe-se que há quase reprodução do Art. 144, §8o, da Constituição Federal.

No que diz respeito às atribuições específicas, estas encontram previsão nos incisos do Art. 5o da Lei no 13.022/2014, o qual, em seu caput, ressalva as atribuições dos órgãos federais e estaduais. Assim, não há que se alegar a existência de conflito entre as guardas municipais e os demais órgãos de segurança pública estatal, pois, as atribuições afetas às guardas não impedem o exercício das funções constitucionalmente incumbidas a outros órgãos, tais como as Polícias Militares dos Estados. Consequentemente, não pode ser este argumento utilizado para se obter a declaração de inconstitucionalidade do Estatuto.

A maioria das atribuições estabelecidas nos incisos do dispositivo em tela se relaciona diretamente com a proteção de bens, serviços e instalações municipais.

Entre as atribuições específicas, passamos a destacar algumas, que tendem a causar maiores polêmicas.

O inciso II estabelece ser atribuição das guardas "prevenir e inibir, pela presença e vigilância, bem como coibir, infrações penais ou administrativas e atos infracionais que atentem contra os bens, serviços e instalações municipais".

> Aqui, o legislador atribui, mais uma vez, às Guardas Municipais o zelo pelos bens, serviços e instalações municipais, o qual inclui a sua proteção contra lesão ou perigo de lesão de natureza penal e/ou administrativa.
>
> No inciso seguinte, o legislador apontou ser atribuição das guardas municipais a atuação, preventiva e permanente, nos limites do município, "para a proteção sistêmica da população que utiliza os bens, serviços e instalações municipais".

O porte de arma para as guardas municipais

Defendo que as guardas, pelo menos nas cidades grandes, devam ter o poder de polícia (no sentido de poder abordar indivíduos em atitude suspeita) e que, em todas as cidades, obtenham a permissão regulamentada em lei para o porte de arma de fogo, tanto em serviço como durante a folga.

Enquanto um guarda estiver realizando uma abordagem e o suspeito não se negar a ser submetido a uma busca pessoal, ótimo, e a população aplaude. Porém, quando esse suspeito, por qualquer motivo, negar-se a parar e a ser revistado, começa o problema. Não havendo o poder de polícia, o suspeito não está incorrendo em crime de desobediência[66] e resistindo não estará incorrendo em crime de resistência[67]. Não estando em flagrante delito por crime, o guarda responderá pelo abuso e outros crimes consequentes, como lesão corporal, constrangimento ilegal etc.

Isso pode não ocorrer, caso o indivíduo desconheça seus direitos ou devido às suas condições financeiras entenda ser melhor evitar tal embate. Contudo, imaginemos o guarda executando seu serviço até que entenda a necessidade de realizar uma abordagem, da qual acredite ter pleno direito, e o indivíduo a ser abordado é filho de um juiz, ou de um promotor, ou ele próprio ser o juiz ou promotor, talvez um delegado ou advogado. Com certeza esse indivíduo levará o caso às últimas consequências e com forte amparo legal. O guarda municipal responderá em três esferas (penal, administrativa e cível). Terá que custear sua defesa e, de acordo com a pena imputada, correrá o risco de perder o emprego e ainda pagar uma indenização por dano moral. Todos aqueles que o incentivaram a esse tipo de ação (algumas vezes, até mesmo um chefe ou secretário, aposentado da polícia) não assumirão essa responsabilidade e evitarão imputações por obediência hierárquica.

Agora se as guardas municipais, por meio de suas associações, têm o desejo de que o trabalho efetuado pela instituição seja de cunho policial, se as prefeituras através de seu Executivo e Legislativo também estejam de acordo, o único caminho para a consolidação do poder de polícia nesse sentido é o empenho para a alteração do Art. 144, § 8º da Constituição Federal, que mencionamos anteriormente, por meio de um Projeto de Emenda Constitucional. Isto é, aumentar o escopo de atuação das guardas para além da proteção aos bens, serviços e patrimônio municipais. Para isso, é necessária a união de prefeituras e associações, bem como *lobby* político para essa alteração que dará poder e amparo aos agentes da guarda.

Conquistando a legalidade plena para agir, garantindo seu direito ao porte de arma e, se for da vontade do município, utilizando o nome "polícia" em suas viaturas e bases, ainda há mais uma luta que devem estar atentos: a prisão especial.

O dia a dia no combate direto à criminalidade expõe os agentes a grande estresse, e erros fazem parte da vida do ser humano. Em contrapartida, a fiscalização em torno da polícia, principalmente quando uniformizada, é rígida por parte da instituição, da mídia e da população. Infelizmente, quanto mais o trabalho expõe os agentes ao enfrentamento, mais existe a possibilidade de erro, e de esse erro ser considerado crime. O conceito de justiça na condenação é o cumprimento da pena, nada mais, e para um agente policial cumprir sentença em uma penitenciária comum pode significar a pena de morte. Por isso, faz-se necessário tratamento diferenciado ao guarda municipal nesse sentido, e a prisão especial, ficando apartado de criminosos comuns é a garantia do cumprimento da pena sem ter sua preservação física ameaçada.

Outra observação a ser feita, para que ninguém seja pego desprevenido ou desconheça as regras ocultas antes de prestar o concurso para a função, é que o jogo é sujo. A partir do momento em que forem para o confronto direto, interesses serão prejudicados, e haverá retaliações.

OS SISTEMAS DE POLÍCIA BRASILEIROS

O crime organizado ataca de forma cruel e covarde. Policiais, apesar dos baixos salários, não podem morar em qualquer bairro. Seus filhos, muitas vezes, não podem comentar na escola que o pai é policial. Evitam andar fardados e secam o fardamento em local reservado. A polícia estadual dá uma possibilidade maior de o policial servir em outra cidade na qual não resida, o que lhe conferiria um pouco mais de segurança se assim escolher, o que talvez não seja possível para o guarda municipal.

Estando cientes disso, uma última ressalva a respeito da ampliação dos poderes (poder/dever) das guardas municipais é devido à própria cultura de nosso povo, principalmente dos políticos e autoridades. Estando restritos às cidades, algumas pequenas, estarão mais expostos ao velho "você sabe com quem está falando"?

O jurista Roberto Kant de Lima, no seu artigo: "Polícia, Justiça e Sociedade no Brasil: uma abordagem comparativa de modelos de administração de conflitos no espaço público", faz uma breve observação que pode se enquadrar também nesse sentido.

> Há em nosso modelo espaço para o reconhecimento explícito da desigualdade entre os cidadãos, manifestada em nosso dia a dia pelos rituais do "Você sabe com quem está falando?" e, mesmo, no reconhecimento jurídico a direitos diferentes explicitamente atribuídos a pessoas supostamente desiguais, como é o caso dos privilégios concedidos oficialmente a certas categorias de cidadãos pelo instituto da prisão especial[68].

Não que isso não ocorra com as polícias em âmbito estadual; contudo, talvez devido à extensão territorial, e à maior distância dos agentes com os governantes, acaba sendo menos comum. Nas cidades, prefeito, amigos e familiares, vereadores, secretários, devido à péssima educação, podem se sentir acima da lei, e uma simples abordagem poderá trazer transtornos enormes ao policial municipal.

Por fim, é necessário que os interessados se organizem politicamente com estratégias definidas para sanarem as arestas, evitarem a paixão e se pautarem na técnica, buscando assim um caminho legal que atenda aos seus interesses.

11

Abuso de autoridade e o Tolerância Zero

Uma das críticas ao programa de Tolerância Zero implementado na cidade de Nova York, nos anos 1990, é quanto ao abuso de autoridade, principalmente por parte da polícia. Em resposta a essa problemática, o próprio Rudolph Giuliani respondeu que: "A tolerância zero é aplicada da mesma forma aos crimes cometidos pela polícia".

Em relação ao Brasil, novamente temos que realizar um breve histórico a fim de compreendermos as causas e corrigi-las.

Os militares ficaram no poder de 1964 a 1985. Um momento de nossa história que causa curiosidade e que recentemente vem sendo discutido com muita frequência. Infelizmente, esse interesse pelo assunto surge carregado de paixão, tanto de um lado como de outro, transformando a história em um tipo de torcida, por vezes ignorando princípios de historiografia. Assim, perdemos a oportunidade de estudar com seriedade algo que parece ter sido diferente em comparação a outras ditaduras espalhadas pelo mundo naquela mesma época, inclusive em nossos países vizinhos.

A mídia e até mesmo alguns educadores sempre relacionaram a violência policial daquela época com a ditadura, o que não é de todo verdade. Essa associação é justa quando se trata da relação com crimes políticos, sem entrar em méritos. Em geral, levando em consideração a época, violência policial não era prerrogativa exclusiva do Brasil nem apenas de regimes autoritários.

A preocupação com o bem-estar do criminoso, maior atenção às questões de Direitos Humanos e de Direitos Civis foram desenvol-

ABUSO DE AUTORIDADE E O TOLERÂNCIA ZERO

vendo com o passar do tempo, como inúmeras outras questões ao longo da história. Países democráticos também exerciam o poder policial com rigidez e, muitas vezes, arbitrariamente.

E isso não se restringe aos anos 1960 e 1970; vai além. Acontecia na Inglaterra, em relação ao IRA; em diversos países da Europa, principalmente em relação a imigrantes; e nos Estados Unidos, onde os negros ainda lutavam por seus Direitos Civis. Nesse mesmo país, judeus eram proibidos de frequentar determinados locais. Entre conflitos sociais e raciais, a polícia agia com violência, não só em questões étnicas, mas também com criminosos comuns.

Obviamente, não estamos citando fatos pontuais e sim ressaltando que, mesmo se não houvesse acontecido o regime militar, as forças policiais teriam agido da mesma forma no combate ao crime. Afinal, nosso Código Penal é o mesmo desde os anos 1940, salvo algumas alterações. Os abusos já eram considerados crime; mas, como todos os crimes, se não forem investigados e não houver a certeza da punição, o código é letra morta.

Um maior respeito à dignidade humana foi se desenvolvendo com o tempo e assim inserido na formação e na cultura do país, bem como nas punições contra arbitrariedades, algumas antes aceitas pelas autoridades e pela sociedade, mesmo já incluídas como crime em ordenamento jurídico, que não faz distinção se a vítima é um cidadão comum ou alguém que praticou um crime.

A Constituição de 1988 inseriu muitos direitos e também incorporou, com peso de norma constitucional, uma série de acordos internacionais de Direitos Humanos ratificados pelo Brasil. Se por um lado foi necessário, por outro, deixou a desejar.

Sim, as ações do Estado, em seu braço forte, a polícia, devem ser legalistas e pautadas na dignidade da pessoa humana. O criminoso deve cumprir a pena estabelecida e, se decidir entrar em confronto, deve ser detido com energia. Contudo, o Estado não deve utilizar meios ilegais para cumprir sua função. Afinal, não só ao Estado cabem apenas as prerrogativas descritas em normas, como ainda correria o risco de fazer sofrer o inocente.

Ainda está presente no senso comum a ideia de que, durante o período militar, a polícia era eficiente por ser mais violenta. Há certa

TOLERÂNCIA ZERO

verdade nessa afirmação, mas isso gerou incontáveis casos não só de abusos como também de injustiças, algumas vezes cometidas contra inocentes. Foi fácil e menos custoso ao Estado jogar toda a responsabilidade em cima da polícia, fazendo com que a lei fosse cumprida apenas em se pautando na força bruta; afinal, modernizar o aparado legal e policial geraria custos e trabalho.

Essa falta de legalidade acabava atingindo também o policial, tanto em sua defesa contra um abuso institucional, bem como quando se deparava com uma ocorrência envolvendo alguém importante ou familiar desses.

Em todo o país, se um soldado da Polícia Militar ou um investigador da Polícia Civil se deparasse com uma ocorrência envolvendo um juiz, procurador, político, grandes empresários, oficiais de alta patente etc., tomando a atitude correta, era certo de ser vítima de uma injustiça.

Contudo, como não foram inseridas no ordenamento jurídico ferramentas eficazes para equalizar direitos e deveres, a ação policial ficou restrita. Mesmo abusiva e muitas vezes injusta, não há como negar que a truculência gerava efeitos e reduzia a criminalidade. Com a diminuição da violência policial nos últimos anos deveria ter amparo legal para que o policial fosse respeitado e obedecido, o que não ocorreu e vem piorando dia a dia.

Uma das principais ferramentas que o policial tem (deveria ter) ao seu dispor são os crimes de Desobediência, Resistência e Desacato. No caso, após uma ordem legal não cumprida, o sujeito incorre no crime de Desobediência, permitindo o uso moderado da força para a sua condução. Se resistir, incorre em outro crime, o de Resistência, e se proferir ofensas, o crime de Desacato.

No distrito policial, o delegado prosseguirá (entendendo que houve o crime) ou não com o procedimento adequado aos crimes, seguindo ao Ministério Público, onde o promotor denunciará (dando continuidade à ação) ou não.

O policial depende do entendimento do delegado e posteriormente do Promotor, que pode, de pronto, não oferecer a denúncia e encerrar por ali, o que ocorre com frequência. No caso de uma eventual condenação, na prática o indivíduo não ficaria preso nem um dia sequer, pois a pena é ínfima e, sendo um menor de idade, praticamente não haveria punição.

Esse tipo de impunidade gera um efeito reverso, fazendo com que o policial, com o passar dos anos enfrentando experiências semelhantes, pense em fazer justiça com as próprias mãos.

O importante é compreendermos que o controle e a punição devem ser rígidos para ambos os lados. Dessa forma, o policial que representa o Estado, munido de fé pública, deve ter sua ordem obedecida. Caso esteja agindo acima da lei ou com abuso de seus poderes, caberá ação posterior por parte do prejudicado, o que ensejará efeitos na esfera penal, civil e administrativa, como a prisão do policial, pagamento de indenização e demissão. O policial, como funcionário público, está atribuído com a missão de servir e proteger, mas é obrigação da população respeitá-lo. Para isso, é necessário que o Estado reconheça a necessidade de empoderar seu agente, e o cidadão, a obrigatoriedade de obedecê-lo. Da mesma forma, o policial deve agir dentro da legalidade, respondendo por qualquer excesso.

Um programa de Tolerância Zero não daria novos poderes à polícia, mas faria com que a lei já existente fosse cumprida e os pequenos delitos não fossem ignorados. O que pode ocorrer são punições mais severas aos que forem presos e restrições dos benefícios durante o encarceramento, mas isso quem decide é o juiz e, quanto às alterações legais, o legislador. Cabe à polícia cuidar de sua atividade-fim: o combate ao crime, graves ou de menor potencial ofensivo.

Sendo as forças policiais amparadas pelo Estado para terem segurança jurídica a fim de cumprirem sua missão, cabe então ao próprio Estado, através dos órgãos corregedores e outros meios hierárquicos e disciplinares, a fiscalização da polícia a fim de coibir os abusos, utilizando os mesmos princípios dos programas de Tolerância Zero. Isto é, em um país que aplica suas leis com seriedade e de forma rigorosa, estando dentro desse programa, abusos do uso da força não devem ser tolerados.

O equilíbrio, a tecnicidade e o profissionalismo são essenciais durante a implantação do programa, pois forças contrárias estarão dispostas a atuar a todo o momento, como aconteceu nos Estados Unidos, e com certeza serão ainda mais intensas no Brasil. Para isso, deve haver a compreensão de todos os envolvidos.

TOLERÂNCIA ZERO

Suponha a imagem de um policial, em meio a essa implantação, desferindo um tapa no rosto de um inocente (ou culpado). Se divulgada ininterruptamente pela mídia durante a implantação do programa, seguida por debates unilaterais de sociólogos e "especialistas" contrários ao Tolerância Zero, reforçados pela oposição política de quem estiver no governo, isso seria um golpe de difícil assimilação, mesmo com estatísticas apontando resultados positivos. O jogo pode ser sujo. Não é incomum bons resultados serem omitidos em prol de falhas pontuais alardeadas. Quem tiver a coragem de implantar tal programa ou filosofia deve estar preparado para tais ataques.

O marketing honesto também faz parte da estratégia. Em alguns estados, a polícia, mesmo por questões de disciplina e hierarquia, acostumou-se aos ataques da imprensa, a abdicar do direito de resposta, ao excesso de gentileza mesmo quando atacada covardemente. A resposta deve ser na mesma proporção; a mentira deve ser desmascarada; os benefícios do programa, apontados. E as redes sociais hoje são uma grande arma a favor da verdade, ou pelo menos dá opção para que o cidadão veja os dois lados e escolha o que entender como melhor caminho, o que seria o mais óbvio em uma democracia.

Essa novidade que as redes sociais trouxeram, não permitindo mais que os grandes meios de comunicação conduzam o povo na direção que entendem como melhor, está causando grandes prejuízos aos detentores do poder, mas grandes benefícios à população.

12

Os Direitos Humanos

Os Direitos Humanos são direitos e garantias fundamentais inerentes a todos os seres humanos. O que importa é que, estabelecidos em tratados internacionais, eles nos garantem, entre tantas outras coisas, termos salários iguais independentemente de sexo ou raça, não sermos torturados, termos o direito ao voto (homens e mulheres), de sermos candidatos a cargos eletivos, a não sermos presos por dívidas (com exceção a pensão alimentícia), direito de ir e vir, casamento válido somente se consentido por ambas as partes, direito de reunião, de propriedade, de escolha e prática de religião, entre tantos outros consolidados nesses pactos.

Como a maior parte desses direitos já está estabelecida, é estranho imaginar nossa sociedade sem eles, contudo eles não existem em muitos países, e pessoas sofrem sem ter qualquer amparo.

Infelizmente, a imagem que o termo assumiu no Brasil foi ruim. Os Direitos Humanos foram concentrados nas questões criminais apresentando-se com um viés de proteção ao crime e ao criminoso. Esse fenômeno parece não ocorrer de forma tão acentuada em outras partes do mundo.

Por esse motivo, o brasileiro tende a ficar indignado quando, por algum motivo, invocam-se os Direitos Humanos, partindo para o senso comum. Como crítica, ouvimos jargões do tipo "direito dos manos", "Direitos Humanos para humanos", "a culpa é dos Direitos Humanos" etc. O que torna o debate raso.

Assegurar os Direitos Humanos, entre tantas outras ações, é dar assistência às vítimas de crimes, às crianças vítimas de maus-tratos ou da sociedade, ou abandonadas ou usadas pelos pais para a prática de mendicância, é manter o direito ao voto e a se candidatar, é assistir as mulheres vítimas de violência, entre tantos outros. Um exemplo claro desse movimento foi a Lei Maria da Penha[69], um produto indireto da denúncia que Maria da Penha Maia Fernandes, vítima de violência doméstica por 23 anos, formalizou contra o Brasil junto à Comissão Interamericana de Direitos Humanos, da qual o país é membro.

Em países não signatários a esses tratados, onde as legislações internas ignoram esses direitos, ocorrem absurdos. Mulheres são apedrejadas por adultério (muitas vezes pela *suspeita* de adultério) e são vítimas de mutilação genital, há a proibição de culto religioso e penas que passam da pessoa do réu, prisão e execuções de homossexuais, escravidão, abusos de menores, chacinas étnicas, entre tantos outros crimes.

É preciso mudar o foco de nossas críticas. O problema não são os Direitos Humanos, mas o significado carregado ao termo e ligado ao trabalho de algumas entidades que escolhem como vítimas preferenciais justamente aqueles que cometem crimes, em prejuízo das vítimas de fato.

A legislação é bem mais ampla e não pretende defender apenas o viés do condenado por crime. Nada põe em contradição uma legislação dura, um sistema penitenciário rígido, penas severas, poucos benefícios aos presos, e os tratados humanitários dos quais vários países são signatários.

Para se ter uma ideia do absurdo que ocorre no Brasil em nome da defesa desses direitos, a Ordem dos Advogados do Brasil (OAB) e outras entidades entendem que o Regime Disciplinar Diferenciado, nos quais presos perigosos se encontram, vai contra os Direitos Humanos. Ora, esse é o regime comum em muitos países e aqui também deveria ser assim.

Essa confusão de conceitos muitas vezes é utilizada em benefício dos maus intencionados e acaba prejudicando a todos nós, principalmente aqueles que necessitam ser socorridos. Direitos Humanos não defendem condutas, e sim direitos. Para sabermos o que defendemos ou criticamos, antes de tudo precisamos compreender o assunto.

OS DIREITOS HUMANOS

ADI contra o Regime Disciplinar Diferenciado

O RDD foi criado para punir com mais rigor os presos que oferecem risco dentro da cadeia. Esse regime é aplicado nas hipóteses de o preso cometer crime doloso, colocar em risco a ordem e a segurança do presídio ou da sociedade ou participar de organizações criminosas durante o cumprimento da pena. A lei prevê recolhimento em celas individuais, banho de sol de no máximo duas horas diárias e restrição de visitas a duas por semana.

Em 2008, a Ordem dos Advogados do Brasil entrou com uma Ação Direta de Inconstitucionalidade (ADI 4.162) contra o regime prisional que foi incorporado à Lei de Execução Penal pela Lei nº 10.7892/2003.

Para a OAB, o tratamento instituído pelo Regime Disciplinar Diferenciado é desumano e degradante porque leva ao isolamento, à suspensão e à restrição de direitos por tempo prolongado, sendo que a pessoa fica até 360 dias no regime. O prazo pode ser prorrogado em caso de reincidência. Segundo a ADI, "a aplicação do regime, que inclui isolamento, incomunicabilidade e severas restrições no recebimento de visitas, entre outras medidas, avilta o princípio fundamental da dignidade da pessoa humana e agride as garantias fundamentais de vedação à tortura e ao tratamento desumano ou degradante, e de vedação de penas cruéis"[70].

Para a OAB, além disso, ao instituir o RDD, a legislação também desrespeitou um princípio da Constituição, segundo o qual a pena deverá ser cumprida em estabelecimentos distintos, de acordo com a natureza do crime, a idade e o sexo do preso.

Já o Sindicato dos Agentes de Segurança Penitenciária do Estado de São Paulo (Sindasp) se mobilizou contra o fim do regime, alegando que se trata de uma medida que promove a disciplina dentro dos presídios[71].

13

Nas escolas: os princípios da ordem

Um reflexo do que ocorre na sociedade, a violência se instalou nas escolas sob o manto da impunidade que cobre os menores de idade, e torna professores, outros funcionários e os próprios alunos reféns de ameaças, drogas e armas.

Há anos as escolas públicas e particulares vêm se deteriorando em todos os níveis: desde a conservação das instalações, a formação dos alunos e a segurança interna. Alguns pedagogos ainda insistem nesse modelo e discurso, mas os índices são provas irrefutáveis. As desculpas para o caos são de que a violência é resultado de um contexto social, que o pouco aprendizado resulta de fatores que vão desde problemas na alimentação até sentimentos de inferioridade social (fatores externos às escolas), aos professores e à pedagogia adotada. No entanto, combatem com voracidade os poucos exemplos de sucesso na reversão do problema, tratando com desprezo as medidas que se baseiam, entre outros pontos, na retomada da autoridade do professor e da ordem nas unidades de ensino.

Uma política de Tolerância Zero nas escolas é uma aplicação rigorosa de regulamentos e proibições contra comportamentos ou posse de itens considerados indesejáveis nas unidades educacionais, tal como a posse ou o uso de drogas ou armas. Esse controle dentro dos estabelecimentos de ensino aplica-se também a funcionários, pais e visitantes.

Nos Estados Unidos e no Canadá, as políticas de Tolerância Zero foram adotadas em várias escolas e outros estabelecimentos de ensino. Essas políticas se espalharam nos Estados Unidos em 1994, depois que a legislação federal passou a exigir que os estados retirassem o financiamento estudantil ou expulsassem por um ano qualquer estudante que trouxesse arma de fogo para a escola. E, mesmo com os problemas que lá acontecem, a disciplina escolar é infinitamente superior à das escolas brasileiras.

No Brasil, por outro lado, a ordem parece inversa: sob o pretexto de não constranger alunos ou de não os expor a uma ação policial, professores e funcionários são assediados para que não denunciem esses e outros tipos de atos infracionais, de modo que a escola não gere estatística negativa. E, se quiserem denunciar ou deter um aluno em flagrante, parece que eles mesmos devem fazê-lo, pois não podem permitir que um policial exerça a função dentro da escola, embora esteja de acordo com a lei, o que significa colocarem suas vidas em risco. Não são poucos os números de professores agredidos, afastados por problemas emocionais e os crescentes casos de suicídio.

Ação policial em escola estadual de São Paulo

Em fevereiro de 2020, a diretora da Escola Estadual Emygdio de Barros, Zona Oeste de São Paulo, acionou a polícia. Um ex-aluno (expulso anteriormente ou afastado por faltas, não se sabe ao certo) estava em uma sala de aula e se recusou a sair da escola. Os policiais foram até a sala e, nesse momento, foram filmados por outros alunos. Houve um início de resistência e os policiais desferiram socos e chutes no rapaz e em outro que se aproximou por alguma razão.

Os policiais foram afastados do serviço de rua, e a conduta será analisada de acordo com os Procedimentos Operacionais da instituição. Contudo, a diretora que acionou a polícia também foi afastada.

Os excessos devem e serão punidos, a ação da PM será apurada se de acordo com os procedimentos operacionais de atuação. O que chama a atenção é que, exceto por grupos em redes sociais, não se encontra nos noticiários nada questionando o motivo de o aluno afastado estar ali, negar-se a sair e não respeitar a autoridade da diretora e dos professores. Em uma época em que todos nós sabemos dos perigos que correm os professores, nenhuma autoridade ou jornalista fez esse questionamento.

Quais eram os fatos? O ex-aluno que estava administrativamente impedido de permanecer na escola encontrava-se em sala de aula.

Qual foi a medida da escola? Funcionários e a diretora pediram que ele se retirasse e o aluno se recusou.

Qual foi a atitude seguinte tomada pela diretora? Chamou a Polícia Militar.

Até então, tudo indica que a decisão foi correta. Existem programas de policiamento para atender as escolas e há um histórico de violência de alunos contra professores e outros funcionários a que devemos nos atentar; não somente agressões físicas e verbais, pois incêndios criminosos de veículos de funcionários que se indispuseram com alunos são um tanto comuns.

Diante da repercussão, pautada nos direitos totalitários do adolescente, o jovem foi tratado como vítima inocente, enquanto a diretora foi punida. O resultado foi passar aos alunos uma mensagem sobre seus "amplos direitos", o "direito de fazer o que quiser", aumentando ainda mais a descrença no sistema, a sensação de impunidade, o constrangimento dos funcionários das escolas e tudo isso alimentando os alunos a ações de indisciplina.

O papel da polícia nas instituições de ensino

Alguns dos especialistas ouvidos pela mídia na época do incidente na Escola Emygdio de Barros defenderam que "escola não é lugar de PM". Da mesma forma, alunos de universidades federais tentam impedir a presença da polícia nos *campi*, ainda que seja para sua própria proteção. Essas ideias apenas apresentam jargões e palavras de ordem, nunca uma motivação técnica ou legal.

O que dizer, então, aos defensores dessa tese quanto aos programas que obtiveram sucesso em vários estados, como a Ronda Escolar ou o Programa Educacional de Resistência as Drogas e a Violência (Proerd)?

O Proerd, inspirado no DARE (*Drug Abuse Resistance Education*) criado em Los Angeles, em 1983, chegou ao Brasil em 1992, implantado pela polícia do Rio de Janeiro e, já em 2002, estava presente em todos os estados brasileiros.

O programa é realizado nas escolas públicas e particulares, por um policial militar treinado que ministra as aulas fardado, com metodologia especial para crianças e adolescentes, transmitindo conteúdo de valorização da vida, distanciamento das drogas e da violência, a importância da família e outras questões de cidadania.

Os resultados são excelentes, além das mensagens transmitidas, e fortalecem o laço entre a escola, a polícia e os alunos. Também atua na base da sociedade, crianças e adolescentes em formação, uma fase da vida em que todos os exemplos são absorvidos e copiados, por isso a importância de bons exemplos e costumes. Contudo sua continuidade e ampliação dependem do comando da Polícia Militar em cada estado do país.

A Ronda Escolar é um programa de policiamento voltado prioritariamente à rede escolar, em que os policiais militares fazem a segurança do perímetro escolar com rondas e contatos com a administração da escola, tornando-se conhecidos da direção, servidores e alunos.

O sucesso desses programas contraria os argumentos daqueles que por algum motivo querem afastar a polícia das escolas e universidades, transformando o ambiente de ensino em um lugar sem lei.

E nesse quadro tenebroso, muitos pais assustados com a violência a que seus filhos estão submetidos, começaram a buscar o caminho das escolas militarizadas. Desde então, o país se viu diante de um grande aumento de interesse de implantação de mais e mais escolas que adotaram o sistema. Para explicar como funciona, vamos ao caso exemplar de uma escola em Manaus:

TOLERÂNCIA ZERO

Escola militarizada em Manaus

A Escola Estadual Professor Waldocke Fricke de Lyra, situada na zona oeste de Manaus, onde antes os muros eram pichados e os alunos só saíam para o intervalo com a mochila para não serem furtados pelos próprios colegas, onde os banheiros tinham os vasos entupidos com carteiras descartadas após terem o conteúdo subtraído, onde as brigas no pátio eram frequentes, bem como a posse de armas brancas e o uso de drogas, em nada lembra sua antiga realidade.

Em 2012, a Polícia Militar assumiu o controle. Muros pintados, proibição do uso de celular, sinais de respeito como continência e expulsão de alunos que não se adéquem às regras.

Os resultados logo chegaram. De 2011 para 2013, a escola deu um salto no IDEB. Nos anos iniciais do ensino fundamental, a média passou de 3,3 para 6,1. Nos finais, foi de 3,1 para 5,8. O índice de reprovação, de 15,2% em 2012, foi zerado em 2014. Na Olimpíada Brasileira de Matemática das Escolas Públicas, Jennyfer da Silva Veloso, órfã de pai e mãe, conquistou a medalha de bronze. Posteriormente, foi aprovada em primeiro lugar na Universidade Estadual do Amazonas para o curso de matemática[72].

Um dado interessante é que a maioria dos antigos professores deixou a escola. Isso indica que outros elos da corrente não estavam preocupados com os resultados positivos que influenciarão no futuro dos alunos, tornando-os bons cidadãos, profissionais, pais e mães de famílias. Talvez prefiram a defesa de ideologias utópicas, das quais os resultados estão à disposição para confrontarmos.

Hoje, temos diversos outros exemplos de escolas que aderiram a esses padrões. E quais foram as medidas simples que provocaram essa mudança?

- Proibição de celular em sala de aula;
- Distinção dos alunos pela nota e comportamento (não mais pela popularidade);
- Uso de uniforme;
- Rigor nos horários de entrada, saída, e circulação nos espaços públicos durante o período de aulas;

NAS ESCOLAS: OS PRINCÍPIOS DA ORDEM

- Recuperação da estrutura, pintura de fachadas, janelas, banheiros, consertos de equipamentos e fiscalização;
- Avaliação constante dos professores e premiação pelos resultados;
- Punição de todas as infrações.

Na educação, a teoria das janelas quebradas é usada para promover a ordem nas salas de aula e na cultura escolar. Entende-se que os alunos são sinalizados pela desordem ou quebra de regras e, assim, replicam essa desordem. As práticas dessa filosofia incluem desde a repressão de códigos de idioma (gírias, palavrões ou falar fora de hora), aplicam a etiqueta em sala de aula (sentar-se corretamente, acompanhar o interlocutor), disciplinar o uso de roupas (uniformes, pouco ou nenhum acessório) e códigos de comportamento (andar em fila, horários específicos para cada coisa etc.).

Se o leitor tem mais de 40 anos de idade poderá lembrar-se de sua própria escola, pois todas eram assim. O que se busca é o fim de um sistema que comprovadamente não deu certo e o direito de retornarmos aos métodos que dão melhores resultados. Não se trata de algo de outra era. Basta ver as instituições atuais, como elas funcionam e como se sentem os alunos que as integram.

De 2004 a 2006, os pesquisadores da área de melhoria escolar e estudos sociológicos da educação Stephen B. Plank, Catherine P. Bradshaw e Hollie Young, da Universidade Johns Hopkins, conduziram um estudo para determinar em que grau a aparência das instalações da escola e da sala de aula influenciava o comportamento do aluno em relação às variáveis envolvidas como medo, desordem social e eficácia coletiva. Coletaram dados de pesquisa em 33 escolas públicas. A partir da análise desses dados, os pesquisadores determinaram que as variáveis em seu estudo são estatisticamente significativas para as condições físicas da escola e da sala de aula. A conclusão, publicada no *American Journal of Education*[73], foi:

TOLERÂNCIA ZERO

Consertar janelas quebradas e cuidar da aparência física de uma escola não pode, por si só, garantir um ensino e aprendizado produtivos, mas ignorá-los provavelmente aumenta muito as probabilidades de uma espiral descendente e problemática. Por isso, os educadores devem estar atentos a fatores que influenciam a percepção do estudante em relação ao clima e à segurança do local.

As escolas militares ou cívico-militares buscam resgatar essa disciplina e esses valores. Por incrível que possa parecer, um dos maiores exemplos da aversão à disciplina que o país carrega é que, apesar da grande procura dos pais por essas escolas, apesar dos resultados positivos, há muitos grupos que lutam para impedir essa expansão.

Essas escolas costumam regulamentar o corte de cabelos e o não uso de maquiagem e acessórios para impedir coisas extravagantes. Porém, o Ministério Público já entrou com ação contra essa regulamentação! E aqui vale lembrar o caso em que tanto o diretor do filme *Tropa de Elite*, José Padilha, quanto o ator Wagner Moura acreditaram que o filme apresentaria um "retrato repugnante" da polícia linha-dura para a população, quando o que aconteceu foi exatamente o contrário.

Os teóricos da educação e muitos membros do Ministério Público estão totalmente desconectados da realidade das escolas públicas. Mas, então, por que colocam seus filhos nas escolas privadas?

Esse é um problema ainda mais grave quando falamos em universidades federais, sobretudo as presentes nas capitais.

A (falta de) segurança nas universidades públicas

O cenário que se observa nas universidades públicas é de completa anarquia, incompatível com o melhor aprendizado. A maioria dessas instituições possui espaços que promovem, de forma indireta, o consumo de bebidas e drogas, o que deveria ser completamente proibido dentro de uma instituição de ensino.

Hoje, a polícia é quase sempre impedida de até mesmo realizar patrulhas nos *campi* universitários. Alunos dessas universidades fazem "greve", escolhem ou destituem os reitores! Não são poucos os que repetem continuamente os semestres, ocupando vagas de outros alunos mais interessados na própria formação. Uma grande parcela pertence a uma classe privilegiada e tenta ditar regras em nome dos menos favorecidos, vivendo em um universo próprio com suas utopias.

Isso é inimaginável em universidades sérias, e o pior é que são patrocinadas pelo dinheiro público.

A teoria das janelas quebradas: uma possível solução

O presente exposto não tem o objetivo de defender que a resposta para o sucesso do ensino seja a militarização, e sim que a filosofia das janelas quebradas deve ser aplicada. Entendermos que a forte oposição de alguns setores, entre eles muitos professores, é mais um sintoma a ser considerado dentro do conjunto de fatores que nos levaram ao problema atual.

Não há um único caminho. As escolas japonesas, por exemplo, são modelos de organização e respeito desde o momento em que a criança coloca os pés em uma delas, e não são militarizadas. A hierarquia existe até entre alunos, um reflexo do que encontrarão na sociedade.

No dia em que as instituições de ensino se voltarem plenamente ao objetivo de formar bons alunos e conseguirem que o respeito e a autoridade retornem, não precisaremos de escolas militarizadas para a educação de civis.

14

Enfrentando as críticas

Mesmo diante de um quadro de enorme violência e numa época em que havia menos interferência ideológica nas políticas públicas, Nova York não ficou isenta dos ataques ao seu programa de Tolerância Zero. Com a eficácia comprovada pelas estatísticas, que apontaram a redução da criminalidade, principalmente dos homicídios, foi possível seguir com ele para mais cidades dos Estados Unidos e até para outros países. Contudo, mesmo com resultados incontestáveis, até hoje as críticas se mantêm e dezenas de teses e livros já foram escritos questionando a eficácia do programa. Apresentamos várias delas aqui.

Algo que sempre rebato quando esses especialistas levantam tais questões é: proponha algo dentro dessa linha de pensamento que seja mais eficaz.

Não conseguem.

Essas pessoas tiveram oportunidades para executar seus planos por algumas décadas, mas os resultados da decadência deveriam servir para que nem tivessem mais onde divulgar suas ideias nos debates; no entanto, ainda conseguem espaço, sendo apresentadas como grandes autoridades no assunto.

Para se ter uma ideia da dificuldade que é aplicar qualquer proposta mais rigorosa no Brasil, a cidade de São Paulo, que tem Produto Interno Bruto maior do que muitos países, é a décima cidade mais rica do mundo (IBGE, 2017), não conseguiu resolver o problema da Cracolândia, como abordamos no capítulo 9. Até mesmo uma linha de ônibus precisou ser alterada devido aos cerca de mil viciados que circulam pelo local.

Vamos avaliar algumas questões que precisam ser enfrentadas antes da implantação de qualquer programa efetivo que busque ações rígidas contra a criminalidade. A seguir, abordaremos o assunto por diversas frentes.

Dimensão política

A democracia não é perfeita, contudo é o melhor sistema político de que dispomos. Ou como disse Winston Churchill: "A democracia é a pior forma de governo, com exceção a todas as demais".

Ou seja, são as regras do jogo e quem se encontra no poder deve estar preparado para isso. Será criticado não só pela oposição que realmente acredita no que propaga, como também por aqueles que temem que seus projetos tenham êxito e, assim, o governo que os fizeram possa permanecer mais tempo no poder.

No Brasil, tudo parece mais complicado. A qualquer proposição de implantar um programa nesse sentido, logo ONGs, partidos políticos e a OAB iniciariam uma resistência. Não fazer nada mais profundo e com potencial de mudar o curso dessas vidas parece melhor.

Esse tipo de oposição se divide em duas: a ideológica e a oportunista. A ideológica, quando sincera, vai contra por não acreditar na forma e por buscar soluções utópicas. Já a oportunista acredita na eficiência do programa, mas teme que o sucesso favoreça a permanência no poder de quem o implantou. Às vezes ambas se confundem.

OAB, ONGs e mesmo o STF são conduzidos por pessoas com ideais, convicções e interesses. Como instituições, são necessárias e têm ideais nobres; contudo, correm o risco de aparelhamento. Cabe aos cidadãos ficarem atentos.

Veja o caso dos policiais: a maior parte deles pode afirmar que, desde o início de sua carreira, nunca percebeu nenhuma ação efetiva vinda da União com o objetivo de redução da criminalidade, combate à corrupção ou ao crime organizado, salvo uma ou outra lei esparsa, ou algumas forçadas por comoção popular. Podemos lembrar de quando,

TOLERÂNCIA ZERO

por exemplo, o homicídio qualificado tornou-se crime hediondo. Esse fato ocorreu após o ator Guilherme de Pádua assassinar a atriz Daniela Peres, filha de Glória Peres, diretora de novelas da Rede Globo. Ou quando a Comissão Interamericana de Direitos Humanos da Organização dos Estados Americanos (CIDH/OEA) responsabilizou o Brasil por omissão, após denúncia sobre o caso de Maria da Penha Maia Fernandes, cujo marido tentou assassiná-la por duas vezes, deixando-a paraplégica. O crime ocorreu em 1983, mas seu algoz foi condenado somente em 2002, faltando seis meses para a prescrição. A pena foi de dez anos e seis meses, porém o autor ficou encarcerado por apenas dois anos. A condenação do país pela CIDH/OEA levou o Brasil a aprovar uma lei com maior eficácia no combate à violência contra a mulher: a Lei Maria da Penha[74].

O Pacote Anticrime

Prova de que com força política e apoio popular é possível ir mais longe na legislação de combate à criminalidade foi a aprovação do "Pacote Anticrime" do Governo Federal. Em 2018, o ministro do STF Alexandre de Moraes apresentou na Câmara dos Deputados um conjunto de propostas para endurecer a legislação penal no combate ao crime organizado e ao tráfico de drogas e de armas. As medidas também incluíam mudanças no Código de Processo Penal e no Código Penal. No entanto, esse projeto não chegou a ser votado, pois pouco tempo depois o então ministro da Justiça e Segurança Pública, Sergio Moro, enviou um projeto semelhante. O projeto de Moro, dotado de mais apelo popular, foi veloz em direção à aprovação.

Mesmo que fosse o anseio da população e que o ministro contasse à época com a simpatia do povo, a classe política tentou deturpar por completo o projeto ao se sentir ameaçada pelo combate aos "crimes de colarinho-branco". O projeto foi também rechaçado por políticos de oposição, principalmente dos que foram ou estavam prestes a ser investigados pela Operação Lava Jato.

Encaminhado ao presidente Jair Bolsonaro, o projeto sofreu 25 vetos, contudo alguns pontos foram mantidos, e o presidente sofreu críticas por não vetar o "Juiz de Garantia", que, de acordo com especialistas,

ENFRENTANDO AS CRÍTICAS

prejudicaria operações como a Lava Jato, custaria caro ao Judiciário (que já é o mais caro do Ocidente, nem por isso o mais eficiente) e seria de difícil implementação. O próprio ministro Moro havia solicitado o veto e não foi atendido.

Embora o projeto citado apresentasse soluções para maior e mais efetivo combate ao crime organizado e aos crimes de corrupção, e, embora o Tolerância Zero, em sua filosofia das janelas quebradas, esteja focado em crimes que atingem diariamente a população das cidades e combater, em princípio, os pequenos delitos para assim evitar os grandes, essa votação foi uma prévia do que poderia surgir como resistência para a implantação de um programa dessa natureza.

Do ponto de vista político, a questão é extremamente complexa, e a maior parte dos políticos não a entende. Pontos específicos nas leis penais deveriam ser alterados, o sistema penitenciário necessita de grandes reformas, os excessos de benefícios dos detentos devem ser revistos e reduzidos, além de ser necessário avaliar com critério a questão do menor e do ECA.

Dimensão constitucional

Nossa Carta Magna de 1988 é muito permissiva. O que é entendido como o pleno direito de ir e vir, e que compreende o direito de permanecer, impediu o que se classificava como "condução para averiguação", no qual a polícia conduzia indivíduos suspeitos a um distrito policial para uma averiguação mais detalhada. Muitos eram liberados, mas alguns acabavam detidos por serem procurados como foragidos da Justiça.

Realmente, isso dava margem para abusos, e hoje temos (ou deveríamos ter em todo o território nacional) condições tecnológicas para uma averiguação imediata sem a necessidade da condução do averiguado. Apesar disso, ainda temos imensa dificuldade em construir um cadastro único e um eficiente banco de dados.

A questão é que até mesmo a usual ordem de "circulando" que vemos em muitos filmes, em que policiais determinam a dispersão de grupos suspeitos aglomerados em áreas de incidentes criminais, não é permitida por lei. Vejamos um exemplo prático de nossa realidade: jovens agrupados na porta das escolas que não estudam. Há locais em que esse tipo de aglomeração não representa nenhum problema, no entanto há as escolas com casos de tráfico de drogas ao seu redor, uso de entorpecentes, ameaças aos alunos, importunação aos estudantes etc. A polícia não tem o poder legal para mandar irem embora. Nem mesmo no caso de um suspeito de pedofilia, sentado em frente a uma escola, se não tiver cometido crime não pode ser obrigado a sair do local.

Até mesmo a cobrança de uma multa ao cidadão por algum descumprimento legal, como, por exemplo, sujar a calçada ou algo que o valha, fica praticamente inviável pela não obrigatoriedade de portar documentos, pela dificuldade para a cobrança e pela questão do poder de polícia ser ou não conferido às guardas municipais para essa finalidade.

Essa mesma constituição dá pouca autonomia aos estados e municípios, mantendo grande centralização de poder à União. Nos Estados Unidos, o Tolerância Zero de Nova York foi um programa originalmente municipal em um país que permite uma polícia municipal, bem como possui regras estaduais referentes à execução e à legislação penais e ao tratamento dispensado a menores infratores, o que não ocorre no Brasil, cujo sistema penal é federal. Estamos muito longe disso e talvez nunca alcancemos essa independência.

Em uma entrevista no Brasil, Rudolph Giuliani falou sobre o atendimento social aos moradores de rua, ele disse que enquanto prefeito os encaminhava para trabalhos e abrigos, o repórter perguntou: "E se a pessoa quiser ficar durante o dia dormindo na rua, não pode?".

A resposta de Giulliani foi enfática: "É claro que não. Ele não pode obstruir a calçada".

Ficou clara a posição do jornalista e a do ex-prefeito de Nova York: enquanto o brasileiro está acostumado a poder fazer o que bem entender, Giuliani entende claramente que, uma vez o poder público dando a oportunidade, o direito de um acaba onde começa o direito do outro, e há também as obrigações e adequações às normas sociais.

Dimensão ideológica

Ideais progressistas sempre se mostraram contrários ao endurecimento da legislação penal. Defendem políticas de desencarceramento e de liberação das drogas. Esses ideais não se limitam aos partidos políticos e seus candidatos: estão distribuídos em toda a sociedade, como deve ser em uma democracia.

Contudo, não é raro percebermos em diversas oportunidades que o que é chamado de "debate" apresenta voz única, uma defesa unilateral de uma opinião. Isso ocorreu durante a questão do plebiscito sobre o desarmamento. As vozes a favor da posse e porte de armas não tiveram espaço e, mesmo assim, foram maioria, vencendo o referendo de 2005, no entanto não foram respeitadas.

Seguindo essa linha de raciocínio, alguns autores conservadores alertam que essa foi uma estratégia criada inicialmente por Gramsci e posteriormente lapidada e ampliada pela Escola de Frankfurt, a fim de que o socialismo fosse implantado pela base. Em resumo, o pensamento socialista floresceria na população sem que essa se desse conta. Novelas, filmes, teatro, livros, jornais, programas de televisão direcionando diversas questões sem um debate de ideias opostas levariam a esse fim.

Quando muito, surge uma falsa oposição que mantém ideais quase idênticos, na chamada "estratégia das tesouras", executada por grupos que, embora se mostrem antagônicos, trabalham para um mesmo fim.

Por outro lado, nesse contexto de infiltração dos ideais socialistas, não raro se observa na opinião pública a "espiral do silêncio". Proposta em 1977 pela cientista política alemã Elisabeth Noelle-Neumann (1916-2010), trata-se de uma teoria da ciência política e da comunicação de massa que observa o seguinte fenômeno: os indivíduos tendem a omitir sua opinião quando ela entra em conflito com a dominante devido ao medo do isolamento, da crítica, ou da zombaria. O indivíduo, assim, prefere se resguardar para evitar impasses, de modo que acaba compactuando com a maioria por omissão. Esse comportamento gera uma tendência ao silêncio crescente, por isso a ideia de espiral.

Manipulação ideológica

A criação de um linguajar próprio, semelhante à *novilíngua* de George Orwell em sua obra *1984*, tem sua função na briga ideológica. Os significados de "democracia" e "fascismo" foram transformados de acordo com o objetivo de alguns grupos com interesse no poder. Enquanto o primeiro serve para justificar positivamente os atos desses atores, que julgam ser democráticos, embora sejam autoritários e até mesmo violentos, o outro é utilizado como xingamento à oposição, ignorando o conceito original da palavra, que não raramente faz parte dos atos do próprio acusador.

Após tanto tempo desse mecanismo em prática, por pouco não fomos todos conduzidos de uma forma ou de outra a aceitar certas posições, o que, pensando-se no tema desta obra, poderia favorecer a rejeição de um projeto do Tolerância Zero.

Ainda haverá pessoas, muitas delas imbuídas de ótimas intenções, que continuarão acreditando que fazendo uma passeata pela paz vestidas de branco, abraçando uma praça, promovendo uma oficina de capoeira e teatro de marionetes, solucionarão o problema da violência no país. Embora isso pudesse ser considerado apenas um comentário irônico, essas "ações" são tratadas como projetos e recebem verbas públicas destinadas à segurança. É importante ressaltar, além disso, que os defensores dessas "ações" normalmente são os que se opõem de maneira ferrenha aos projetos mais pragmáticos e com base na filosofia das janelas quebradas.

Dimensão sociocultural

Durante toda a história brasileira, o desrespeito às leis tem se mostrado algo comum, bem como a valorização da malandragem e do "jeitinho". Um exemplo claro acontece quando policiais, guardas ou fiscais apreendem a mercadoria de um vendedor ambulante que está ocupando vias públicas e, muitas vezes atrapalhando o comércio de quem paga para ter a frente de uma loja livre e visível, grande parte da opinião pública acha que a atitude da fiscalização é que está errada.

ENFRENTANDO AS CRÍTICAS

Todos sabem das regras e das leis estabelecidas para o comércio, bem como encargos e pesadas multas ao comércio regularizado, e mesmo assim muitos se sentem no direito de descumprir as regras. Parece que se trata apenas de um "cidadão honesto" tentando trabalhar e agentes do Estado usando a força para impedi-lo, mas não é bem assim. Além de estar contra a lei civil e administrativa, a partir do momento em que se recusa a obedecer a uma ordem legal, esse ambulante comete o crime de desobediência, que normalmente vem seguido da resistência e do desacato.

Elenquei, sobre esse exemplo, algumas perguntas para reflexão:

- Uma lei regular não deve ser cumprida?
- Caso as autoridades presentes descumpram a lei, não devem ser acusadas pelo crime de prevaricação[75]?
- Se não forem acusadas por prevaricação, poderão então escolher qual lei devem ou não fazer cumprir?
- Quem pode escolher qual crime deve ou não ser levado à Justiça?
- Estando esse ambulante liberado para exercer o comércio sem cumprir as exigências legais, outros terão esse mesmo direito?
- E os comerciantes ou outros ambulantes que cumpriram todos os requisitos exigidos? Como se sentiriam?
- E aqueles que pagam impostos, alugam imóveis e são prejudicados por ambulantes que ocupam a entrada de suas lojas?
- Então a regulamentação que rege as atividades comerciais, no tocante aos ambulantes, deve ser abolida?

O brasileiro tem dificuldade em cumprir regras, e quando a questão fica mais complexa, até mesmo os mais sensatos são seduzidos pela emoção do momento.

Isso também estava ocorrendo em Nova York. Metrôs pichados, usuários de droga consumindo entorpecentes a céu aberto, gangues circulando pelas ruas, jovens saltando a catraca do metrô. Como tantos outros crimes mais graves ocorriam, essas infrações eram ignoradas.

Observem um exemplo interessante: até antes do novo Código de Trânsito Brasileiro entrar em vigor, no ano de 1998, as pessoas costumavam andar de motocicleta sem utilizar o capacete. Após esse novo código, logo os motociclistas se viram obrigados a utilizar o equipamento de proteção. Nas principais cidades do país, raramente veremos alguém de motocicleta sem capacete.

O curioso é que a mesma proibição (ou obrigação) já existia na lei anterior. Ocorria que não havia fiscalização nesse sentido, salvo raras exceções. No momento em que coibiram a prática irregular, qualquer viatura da polícia ou agente de trânsito começou a parar quem estivesse sem capacete, e rapidamente a sociedade se adaptou. Nas cidades em que hoje os motociclistas ainda não o utilizam, é por pura prevaricação das autoridades.

A questão é que a lei deve ser cumprida. Se impraticável ou ineficaz, que seja revogada.

Pensando, então, nessa resistência do brasileiro em seguir normas, é certo que, no momento em que um programa de Tolerância Zero gerar repreensão aos pequenos delitos, liberar praças e outros espaços de viciados e moradores de rua, impedir flanelinhas de exigir pagamentos para "olhar" os veículos em lugares públicos, muitas vozes se levantarão contra.

Dimensão econômica

Apesar de todas as outras dificuldades da implantação do programa, a questão econômica talvez seja a mais desafiadora. Segurança custa caro, pois há muito risco político. Basta um fato ruim e todo o restante positivo se apaga, gera desgaste e há uma série de variáveis que pode colocar tudo a perder.

Os problemas do Brasil são os mesmos há décadas, e nossos representantes não se mostraram capazes de resolvê-los. Por vezes, inclusive, lucram com esses problemas. Há quantas décadas o tráfico domina os morros do Rio de Janeiro? Como se não bastasse, vieram as milícias. O jogo do bicho financiava escolas de samba, e, apesar disso, seus chefes eram enaltecidos nos carnavais. O bicheiro Castor de Andrade, por exemplo, chegou a ser entrevistado por Jô Soares em seu programa de TV, *Jô Soares Onze e Meia*, no SBT e outras

ENFRENTANDO AS CRÍTICAS

tantas vezes por outras emissoras durante os desfiles da Mocidade Independente.

Até mesmo os pequenos pontos de tráfico espalhados pelas cidades do país permanecem os mesmos há décadas. São realizadas prisões, mas o crime no local permanece, pois os que são presos acabam sendo substituídos rapidamente.

Há quantos anos escutamos sobre celulares dentro dos presídios?

Temos um Judiciário caríssimo, burocrático e ineficiente, necessitado de uma reforma séria e custosa, o que enfrentaria grande resistência corporativa. Nosso sistema penitenciário é catastrófico e injusto. Não há padrão, presos dominam a organização interna, muitas vezes funcionários são os reféns e há certa permissividade por se temer uma rebelião.

Alterar a administração das penitenciárias não gera votos. Preso gera custo e apreensão. Presídios superlotados criam pavor nos funcionários, na população próxima e até mesmo nos presos que só querem cumprir sua pena. Tanto o custo ao erário quanto o custo político são altos.

E por fim a ponta da lança: as forças policiais. Devem ser bem pagas, assim os interessados que se apresentam para prestar o serviço em geral já chegam mais qualificados e não se dispersam em outras atividades paralelas. Qual a polícia que queremos? Uma que tenha treinamento, equipamento e efetivo adequado.

Há, ainda, o risco de que uma atuação individual gere uma crise que abale o programa — leia-se: risco de perda de votos em futura eleição.

O simples ato de aumentar o número de prisões (o que é necessário, pois se crimes estão sendo cometidos, os autores devem ser presos) gera um efeito econômico em cascata. Há os custos que vão desde uma investigação até a prisão, a condução e o início de uma jornada judiciária que irá envolver escrivão, delegado de polícia, Ministério Público e magistrado. Talvez um defensor público e, posteriormente, tudo se repetirá em grau de recurso. E, finalmente, após a condenação, o encarceramento. Ainda temos a possibilidade de o preso se beneficiar com o Auxílio-reclusão, cujo valor é maior do que um salário mínimo, conforme mencionamos no capítulo 8.

Política e economicamente, tudo é contabilizado. Talvez seja por isso que algumas ações acabam sendo realizadas pela metade e os resultados, prejudicados.

E se a pedra vier de dentro?

Os juristas especializados em Direito Penal Jacinto Nelson de Miranda Coutinho e Edward Rocha de Carvalho produziram uma crítica de bom contexto técnico ao sistema que apresentamos ao longo desta obra intitulada "Teoria das janelas quebradas: E se a pedra vem de dentro?"[76]. Embora note-se no artigo um tom mais agressivo em relação ao programa nova-iorquino, é interessante anotar certos trechos e debater alguns pontos.

Logo no início, os autores classificam a teoria das janelas quebradas como uma "invencionice americana vendida aos incautos como panaceia no mercado da segurança pública mundial". Afirmam também que "a iniciativa produziu de 40 mil a 85 mil (dependendo da estatística) novas prisões — pelas tais infrações menores — no período de 1994 a 1998".

Há, porém, um equívoco. A estatística não se atém apenas aos crimes de menor potencial ofensivo e, ainda assim, grande parte dos detentos foi presa com base na legislação anterior, as Leis Rockefeller, que comentamos no capítulo 1, a qual, posteriormente, foi considerada dura em demasia.

As críticas dos autores acabam sendo direcionadas ao ponto do programa em que combate os pequenos delitos e ignoram o restante. A teoria das janelas quebradas não se limita a isso. As iniciativas vão desde a limpeza e organização dos espaços públicos, maior investimento em segurança pública (seleção, treinamento, equipamentos e salários) até o combate ao que chamamos no Brasil de "crimes de menor potencial ofensivo". Em nenhum momento os crimes mais graves como homicídios, estupros e roubos foram ignorados.

Os autores apontam também como falha do programa a falta de preocupação com a reabilitação do indivíduo, embora não pareçam apresentar a solução. Afirmam:

ENFRENTANDO AS CRÍTICAS

A Broken Windows Theory, assim, não prega a reforma do "desordeiro", mas tão só sua punição, sua exclusão. Julga-o não somente por dar a ele um antecedente criminal, tampouco por condená-lo, mas por tornar o indivíduo alguém que precisa ser controlado, removido e observado.

Ora, a reabilitação ou reeducação caberia na fase da execução da sentença, e essa o programa não impede de que seja proporcional à conduta, ainda que dura. Não há nada contra a transação penal e penas alternativas, desde que cumpram com o seu objetivo. Se o infrator da lei continua cometendo os mesmos crimes, ou a lei não o está alcançando, na medida em que o Estado é incapaz de prender quem cometeu o ilícito por ineficiência da investigação, nesse caso ainda não podemos falar em pena, pois o delituoso, ao agir devido à impunidade, não alcançou essa fase. Ou se o infrator prossegue na reincidência dos delitos, mesmo após ser apenado, podemos concluir que a pena foi insuficiente para desmotivá-lo a cometer tal crime: é o que acontece no Brasil devido a uma série de benefícios.

Esperar que o Estado convença o criminoso de que ele não deve cometer crimes é um desrespeito à maioria dos cidadãos, que cumpre as leis, obedece às normas de cidadania, correndo risco de ser vítima de um crime.

O sistema penal brasileiro adotou a teoria da tríplice finalidade da pena, na qual a sanção deverá prevenir, retribuir e ressocializar. No caso, estamos falando em cumprimento da pena e não em um programa de policiamento, que vise a evitar crime ou, na sua ocorrência, a fazer cumprir a lei. Ainda assim, devemos ter o cuidado para que a lei não se preocupe mais com o criminoso do que com a vítima, o que se apresenta como uma inversão de valores.

Apontamos a seguir mais um trecho do trabalho mencionado, em que os autores criticam o programa acusando-o de ser um aval para o abuso de autoridade:

A categoria do "desordeiro" permite a Tolerância Zero, e esta o abuso do Estado e a barbárie do Soberano. A desordem do Estado, enfim, garante a ordem. A violência policial é necessária; um meio para um fim maior.

TOLERÂNCIA ZERO

Em nenhum momento, o programa autoriza qualquer abuso policial; aqueles que o cometem agem por sua própria responsabilidade e devem responder criminalmente por isso: um programa de Tolerância Zero aplica-se igualmente aos policiais. De fato, essas são acusações rotineiras às polícias brasileiras, principalmente na crítica à sua formação, quase sempre proferida por "especialistas" que nunca colocaram os pés ou nem sequer leram o programa de formação de uma academia de polícia e utilizam em seu argumento exemplos de ações isoladas que são punidas.

Ainda se valendo da hipérbole e da ironia, os autores apresentam suas críticas no tocante à pressão sobre os pequenos delitos, sem ficar claro se o problema se refere ao fato de esses delitos serem considerados crimes ou se deveriam ser simplesmente ignorados.

> Os bêbados, os catadores de papel, os flanelinhas, entre outros, são as verdadeiras ameaças, os "projetos de Fernandinho Beira-Mar", dos quais se deve dar cabo agora, antes que virem coisa pior. Acaba-se com eles e se acaba com os estupros, com os roubos, com os homicídios.
>
> O perigo de tal afirmação — não fosse a ingenuidade — é evidente, na medida em que transforma o guri da esquina (que está lá ao invés de estar na escola, maldito!) em um maníaco do parque; o mendigo que dorme sob a marquise (porque quer, obviamente!) em uma ameaça para a sociedade (quem não dorme melhor quando não vê um mendigo em tais condições?!). Os pedintes, então, enojam, assustam, enchem todos de medo: fazem com que se saia das ruas e se fique trancado em casa. E o medo, como que numa osmose criminosa, é percebido pelos ladrões-desordeiros, que passam a roubar; um círculo vicioso do apocalipse da desordem: desordem gera medo, medo gera crime, crime gera desordem. É o reino, por evidente, da manipulação das premissas. É a filosofia Caco Antibes aplicada ao Direito!

O argumento exagerado de que a ideia é que se o rapaz que picha o muro não for punido se tornará um assassino não condiz com a realidade do programa. A proposta de manter a ordem, a limpeza e a organização

ENFRENTANDO AS CRÍTICAS

vai muito além de intimidar o jovem que comete pequenos delitos. Traz a verdadeira sensação de segurança aos moradores, respeita aqueles que respeitam a lei, evita que outros infratores se sintam à vontade para cometer os mesmos delitos e daí em diante, em vista da impunidade, cometerem delitos maiores.

Os defensores dessas teses forçam o argumento de que o programa quer esconder o inconveniente, o bêbado, o desocupado, o mendigo, para que o cidadão não os veja e não se sinta incomodado. No entanto, a questão não é apenas não ser incomodado, em que pese que o cidadão também tenha esse direito. E não, não são apenas os abastados que sofrem os infortúnios dos pequenos crimes, que se não forem reprimidos podem estimular crimes mais graves.

Constata-se por estatísticas que, em locais repletos desses "indesejáveis", os índices de furtos e pequenos roubos são maiores, e as vítimas dessa desordem, na maioria das vezes, são de classes mais baixas, bem como os provenientes de bairros periféricos.

O rico, o abastado, o "burguês" está mais protegido em seu veículo com ar-condicionado e vidros elétricos, alguns até blindados. Seus condomínios não serão invadidos nem os muros pichados, pois contam com seguranças particulares. Na frente de suas casas também não irão ocorrer os pancadões de funk impedindo a noite de sono preparatória para mais um dia de trabalho.

Essa visão caridosa em prol do infrator ignora que os que mais sofrem são justamente os mais pobres, que se esforçam para levar uma vida digna e honesta. O pobre do "flanelinha", em grande parte dos casos, não é apenas um incômodo provocado por um garoto em busca de trocados, por um serviço que não pode oferecer garantia. É um "serviço" que rende um bom dinheiro, que não requer contrapartida e que, não raramente, é realizado por homens com antecedentes criminais. Aliás, em geral, a extorsão está embutida no serviço oferecido. Caso o proprietário do veículo se negue a pagar adiantado, não terá garantia de nem ao menos esse "flanelinha" estar no local quando retornar. E os mais fortes protegem seu território de atuação.

A réplica é de que se trataria de um problema social. No entanto, esse tipo de crime ocorre em locais com pouca segurança e mais vale pagar do que sofrer todos esses inconvenientes.

TOLERÂNCIA ZERO

Prosseguindo com o artigo em questão: de forma inteligente, ele ataca a impossibilidade do sucesso do programa em consonância à ideologia de governo.

> Enquanto a postura do Estado for neoliberal, assumindo o "ter" como prioridade ao "ser", estará o mundo fadado à proliferação de teorias impossíveis de verificação e ineficazes desde o próprio nascimento. Basta pensar que se tem um Estado Mínimo e para fazer viva a Tolerância Zero é preciso um Estado Máximo. Há uma contradição.

O autor faz uma crítica político-ideológica apontando o Estado como neoliberal e enxergando a contradição de uma política que defende a redução da máquina pública. Contudo Estado mínimo não é Estado inexistente, e a ação exigida, em geral, não foca em criar novas leis, e sim fazer cumprir as já existentes, no máximo acentuando penas.

Por fim, os autores parecem fazer um ataque ao mal dos males brasileiro: a corrupção.

> Claro, tais propostas vão de encontro ao que existe de mais sagrado na política da Terra Brasilis: o voto, símbolo maior da perpetuação das capitanias hereditárias e motor de arranque de quase todas as ideias. Enquanto os apóstolos da Tolerância Zero não entenderem que ela deve alcançar — isso sim — a corrupção, com a má-fé e o mau uso do dinheiro público, continuar-se-á vivendo nesta terra encantada de valores e moral em que Alice nos conduz; de imbróglios retóricos. Isso eles não entendem, ou não querem entender. Não querem perceber que quando alguém de dentro quebra as janelas, pouco resta a fazer com os que estão lá fora (aliás, a pedra cai na cabeça deles!).

Essa última parte, bem escrita e quase poética, não facilita a compreensão exata, contudo é claro que há uma crítica referente à necessidade de se combater a corrupção e o mau uso do dinheiro público.

No entanto, chama a atenção o fato de que o doutor Jacinto sempre foi um crítico da Lava Jato, bem como crítico ao Pacote Anticrime que se tentou votar no país. Sem falar que foi advogado de Marcelo

Odebrecht e, junto com Edward de Carvalho, defendeu o ex-presidente da OAS, Léo Pinheiro. Realmente, seria difícil alguém nessa posição defender um programa de segurança pública de Tolerância Zero. Por isso a importância de conhecermos as posições dos autores dos artigos.

15

Caminhos para o Brasil

Tiago Ivo Odon, consultor legislativo do Senado Federal Brasileiro, membro da Comissão de Juristas encarregada de elaborar um novo Código Penal (2011/2012), produziu, em 2016, um artigo para o Núcleo de Estudos e Pesquisas da Consultoria Legislativa, cujo título é "Tolerância zero e janelas quebradas: o risco de se importar teorias políticas"[77].

O autor alerta que, nos quinze anos precedentes à elaboração de seu artigo, a teoria das janelas quebradas sempre surgia em várias reuniões de gabinete e em sessões legislativas, ainda que indiretamente. Isto é, notava-se a escalada de interesse dos políticos no programa, mesmo considerando que a maioria só o conhecesse superficialmente ou que o entendesse como um forte slogan para suas campanhas.

O autor faz a introdução da teoria e da implantação do programa de Tolerância Zero na cidade de Nova York e, em seguida, explana sobre os principais estudos críticos que contestam tais ações e os resultados. Entre eles, menciona o estudo de Harcourt e Ludwing — ao qual já fizemos referência no final do capítulo 1, "Críticas ao programa nova-iorquino".

Apesar de ser necessário fazer uma análise pormenorizada do estudo, de pronto podemos questionar se foi observado ou não o conteúdo integral da teoria, ou se foi simplesmente o processo de deslocar algumas famílias de região. Uma hipótese é que o experimento não tenha se concentrado em todos os princípios, nem da teoria das janelas quebradas, nem do programa de Tolerância Zero ao crime.

CAMINHOS PARA O BRASIL

Transferir criminosos de uma penitenciária de segurança máxima para outra de segurança mínima resolveria a questão? Ou daria mais liberdade para que se valessem de sua vocação?

Isso é o que muitas vezes nossa legislação faz ao liberar certos tipos de criminosos para outros regimes de pena ou para saídas temporárias. Ou, ainda, na questão do bom comportamento. Um preso monitorado, sabendo que seus desvios são passíveis de penas administrativas ou novas penas criminais, obrigatoriamente se enquadra em um estado pacífico, ser premiado por isso como bom comportamento sem a devida ressalva psicológica, levando em consideração sua conduta, personalidade e seu potencial criminal, corre o risco de colocar um criminoso com propensão à violência de volta às ruas, como constantemente ocorre. A maior prova disso é a reincidência durante o gozo de tais benefícios.

Para refletir sobre a viabilidade de implantação no Brasil dos sistemas aqui descritos, vejamos outro estudo crítico ao programa de Tolerância Zero apontado ainda no trabalho de Odon (2016). Os professores criminalistas e pesquisadores criminalistas John E. Eck e Edward R. Maguire, após avaliarem uma grande quantidade de pesquisas nos Estados Unidos, chegaram à conclusão de que não havia evidências de que a alteração na forma de policiamento contribuía para a redução dos índices criminais e que a polícia não teria impacto significativo nas taxas de criminalidade. "De forma geral, polícia não previne o crime. Isso é um mito."[78]

Talvez tenha sido a pior conclusão de uma pesquisa nesse sentido, e qualquer chefe de polícia ou comandante de qualquer parte do mundo poderá comprovar. As estratégias e os sistemas de polícia se adaptam com o passar dos anos, tentando acompanhar a evolução da sociedade e, junto com ela, suas necessidades, tendo como o maior objetivo (ou pelo menos deveria ser) a redução da criminalidade e o consequente provimento de segurança aos cidadãos. Essa conclusão é um absurdo tão grande que bastaria alterar por algumas semanas a estratégia de policiamento, sem nenhuma modificação em outros órgãos municipais e estaduais, para perceberem o que aconteceria com o mapa criminal da cidade.

Imagine aqui no Brasil, especificamente uma rotina que é questionada e não é aplicada em muitos países: a abordagem policial;

tecnicamente, a busca pessoal. Vamos dar o exemplo do Rio de Janeiro. Imaginem duas semanas sem que as viaturas de Patrulhamento Tático, do Grupamento Tático de Motocicletas, das Radiopatrulhas, e os outros programas de policiamento parassem de realizar a simples busca pessoal, o velho "mão pra cabeça". Somado a isso, também estariam suspensas as buscas em veículos, nas Operações Bloqueio, vulgarmente chamadas de Comando ou Blitz.

Em nossa realidade, são nessas abordagens que diariamente se apreendem produtos de roubo, enorme quantidade de drogas, armas e foragidos da justiça. Logo na primeira semana, esses crimes que não foram interrompidos entrariam nas estatísticas e, em seguida, os criminosos perceberiam a alteração do *modus operandi* e se sentiriam mais à vontade para ampliarem suas ações criminosas. Consequentemente, os índices saltariam.

Um exemplo prático? Nas greves da Polícia Militar em alguns estados houve expressivo aumento dos índices criminais, principalmente os homicídios.

E tanto John Eck e Edward Maguire, como outros, sempre citam o fim da epidemia de crack, como se a polícia não tivesse nenhuma relação com isso. Simplesmente por algum motivo alienígena, a compreensão voluntária dos malefícios da droga ou, como apontaram Jacinto Nelson de Miranda Coutinho e Edward Rocha de Carvalho, devido ao fato de os viciados trocarem o crack pela heroína.

O estudo avança um pouco sobre a pesquisa citada e os autores acertam ao dizer que a queda da criminalidade necessita de eventos externos. Ressaltamos que a filosofia das janelas quebradas não trabalha somente com a ação policial e o próprio Tolerância Zero também enxerga a necessidade de outras ações, como foi defendido no decorrer desta obra.

Em um sopro de coerência, Eck e Maguire admitem: "há evidências limitadas, contudo, de que o policiamento com foco, dirigido a áreas específicas com altos índices de criminalidade, contribuiu para reduzir as taxas nacionais de criminalidade nos Estados Unidos"[79]. O trabalho ainda leva em consideração a tese sobre a questão do aborto ter sido preponderante para a redução da criminalidade em Nova York, citando a teoria de Steven D. Levitt e seu livro Freakonomics, que também já mencionamos no capítulo 1.

A parte mais importante do trabalho destinado ao Senado, seu objetivo, é importar o programa para o Brasil. Algo que deve realmente ser avaliado com cuidado, isento de emoções e com foco na redução da criminalidade, atuando em benefício do cidadão honesto. Nessa parte, há assertivas coerentes com as quais concordo: deve-se levar em consideração a realidade brasileira: um país com extensão continental e cidades com população e território similares aos de países inteiros, que possuem comunidades diferentes, principalmente devido às diferenças sociais e econômicas.

Não raro essa é a falha de muitos projetos, estipulados de cima para baixo por pessoas com realidades diferentes das de boa parte da população, que não conseguem compreender nossos verdadeiros anseios nem as dificuldades de aplicação de um programa na prática. Questiona-se se a visão de uma comunidade ordeira é igual para todos. Se quem mora na periferia ou em uma favela de palafitas possui a mesma visão de comunidade de quem mora em um bairro de classe média alta.

Se a intenção é um programa de policiamento de sucesso, considerando que esses moradores são os que mais sofrem a violência, o Estado não pode forçar uma determinação que seria entendida como mais uma violência imposta, dessa vez pelo próprio Estado.

Levando em consideração que essas são pessoas humildes, com baixo poder econômico e muitas vezes carentes de estudo e, por isso, mais vulneráveis a aproveitadores tais como políticos, traficantes e milicianos, o Estado, se quiser alterar esse quadro, deve ser visto como aliado, e não como uma força a mais de opressão.

O exemplo da Roma Antiga

Para fácil assimilação, vejamos como o Império Romano manteve o poder nos territórios conquistados, há mais de 2 mil anos. Roma não se sustentou apenas no poderio militar, mas em sua estratégia de manter o que foi conquistado. Para resumirmos o que nos interessa, observavamos que os romanos invadiam novos territórios e o resultado era o mesmo de qualquer guerra: violência, mortes, abusos, torturas, saques, estupros etc.

Após consolidarem-se no poder, eles não impunham sua religião e normalmente mantinham o mesmo líder religioso, desde que não interferisse nos interesses romanos. Da mesma forma, o rei local poderia até ser mantido após a rendição; ou, se executado, alguém com os mesmos laços familiares assumiria e responderia a Roma, sem contestar os desejos do imperador.

Estradas eram construídas; é claro, o interesse era logístico para serventia de Roma. Em alguns casos, aquedutos, esgotos e até casas de banho. Apesar das reformas atenderem aos interesses logísticos do império, elas acabavam levando benefícios ao povo e não interferiam tão bruscamente em seus costumes e sua religião, o que resultava na redução das insurgências. Obviamente, o poderio militar também era inibidor.

Os romanos entenderam que para manter o território não bastava apenas a conquista armada. A área deveria ser ocupada e o povo tinha que se sentir minimamente confortável com a presença que, a princípio, era opressora. Se possível, preferir seus novos conquistadores aos antigos.

Ainda há autoridades que não conseguem entender essa ideia. O Estado deve, sim, impor a lei e a ordem; contudo deve levar maior benefício a essas localidades respeitando as diferenças. É preciso trazer a comunidade para o seu lado, pois é o que os opositores tentarão.

O controle policial e o envolvimento da população

Outra pergunta comum inserida no trabalho de Odon, que considero importante: "Qual a durabilidade e a eficácia da ação social se a motivação é apenas o medo da coação policial?"[80].

Ainda que fosse essa a verdade, respondemos que a eficácia da ação são as vidas salvas, as famílias não destruídas e os bens não roubados, ainda que a motivação para que o criminoso não cometa esses crimes fosse somente o medo da coação policial.

Entretanto, como já retratamos, o objetivo é muito mais amplo e vai além de coação policial, é inserir a cultura da filosofia das janelas quebradas, fazendo a integração de toda a comunidade, implantando o sentimento de pertencer e cuidar de tudo e de todos com sentimento comunitário, a preocupação com os espaços públicos e também com as pessoas, resultando em segurança e a valorização do local.

Quando ouvimos apenas o clamor da população ou de políticos atrás de votos por mais polícia na rua. Citando sempre como um dos grandes fatores para os altos índices criminais a falta de efetivo policial, temos as seguintes questões:

Para vivermos em segurança, é necessário um Estado policialesco? O cidadão tem que ser a todo o tempo vigiado por um policial para não cometer crime?

Nesse ponto, precisamos entender algumas diferenças e respeitar a tênue linha entre o controle policial e os Direitos Civis. A questão é complexa, e o populismo é inimigo da complexidade; seja por ignorância, seja por astúcia, o populismo tende a dar respostas simples para questões complexas.

Obviamente, é necessário um efetivo condizente com o número de habitantes de determinada área, bem como relacionado às necessidades dessa população. E vimos em muitos estados e cidades brasileiras a falta de policiamento. Podemos rodar de carro por quilômetros e não encontrar uma viatura policial sequer.

Da mesma forma, podemos observar em alguns locais a falta de estratégia, de um policiamento mais inteligente que otimizaria os meios disponíveis, de uma organização melhor dos quadros da polícia priorizando a atividade-fim, eliminando tudo o que não tem o objetivo de reduzir os índices criminais.

Para isso, ajudaria bastante se outras instituições funcionassem e se a polícia não arcasse com obrigações de outras, podendo assim direcionar o solicitante ao órgão responsável pelo atendimento. O governo estadual investindo em ambulâncias, na escolta de presos, na terceirização de alguns tipos de segurança evitando a utilização da PM, na Polícia Civil e na Polícia Científica ajudaria colateralmente o policiamento preventivo.

Por outro lado, é impensável que em um país não seja possível realizar um evento sem a necessidade de ter a polícia no local para que não ocorra crime. Uma rua, praça ou um cruzamento em que se não houver uma viatura de polícia terá assaltos. Há algo errado. Nesse caso, é necessário mudar essa cultura, o que leva tempo. Enquanto isso, punir os culpados, ou seja, a certeza da punição sem que haja a necessidade de um policiamento fixo em qualquer evento mínimo.

Para tanto é necessário o envolvimento da comunidade, disciplina coletiva, sentimento de repulsa ao ver um crime ou desordem sendo cometido. Seria necessário ter a própria sociedade excluindo esse tipo de pessoa e colaborando, como pode, com as autoridades para que a criminalidade não ocorra. Ou seja, é necessário um grande esforço em conjunto. Caso contrário, na ausência da ação policial, a desordem retorna.

Como vimos, em um primeiro momento o Estado deve estar presente com força total, o que, não necessariamente, precisa ser agressivo — embora deva sê-lo contra os criminosos, conferindo uma resposta superior. Após orientação, fiscalização e compreensão de que as normas geram benefícios para aquela sociedade, a tendência é o respeito e posteriormente a cobrança por ela própria. Temos vários exemplos além dos citados, como fumar em locais fechados, jogar lixo no chão, não recolher as fezes do próprio cão — são coisas que até poucos anos atrás não enfrentavam a repulsa geral da sociedade; hoje, no entanto, vemos ela autorregulando-se.

Aplicações práticas

A seguir, Tiago Ivo Odon lista perguntas que[81], do seu ponto de vista, mereceriam a atenção do tomador político de decisão ao deparar com a teoria das janelas quebradas e com uma política de Tolerância Zero. São pontos relevantes, que devem ser levados em consideração a fim de que o programa gere os resultados esperados e se previna dos ataques inimigos. Tentarei respondê-las uma a uma na sequência:

"(1) Que grau de *self-government* (autogoverno) pode ser encontrado, de forma geral, nos bairros brasileiros? O que as recentes epidemias de dengue e zika, por exemplo, sugerem sobre isso?"

— A aplicação da filosofia das janelas quebradas deve levar em consideração as peculiaridades de cada área a ser implantada. As epidemias citadas reforçam o que dissemos anteriormente: o combate ao crime não deve se resumir à polícia, deve ser acompanhado de várias ações do Estado, outros programas que possam agir em conjunto e fazem parte da filosofia que propomos.

"(2) A percepção de desordem do brasileiro médio é equivalente à do americano médio?"

— As percepções naturalmente serão distintas entre um brasileiro e um americano, como também serão de um amazonense e de um gaúcho, e talvez de um morador da zona norte e o da zona sul de uma cidade grande; contudo há princípios gerais já fundamentados em nossa legislação que devem ser seguidos. Todos sabem que pichar um muro de outra pessoa é errado — não só isso, é crime ambiental[82], não pode ser alegado como costume ou percepção.

"(3) Quais as chances de sucesso de uma política do tipo 'janelas quebradas' em comunidades pobres e nas quais a percepção geral já é a de descaso da autoridade?"

— As comunidades pobres merecem maior atenção. Primeiro, o Estado deve dominar de fato o terreno, quebrando o controle do crime organizado ali instalado. Em seguida, ou concomitantemente, oferecer todo o apoio social necessário para que aquela comunidade comece a enxergar o Estado como amigo e não opressor, livrando-se das garras do chefe criminoso que anteriormente provia suas necessidades.

"(4) Uma política do tipo 'janelas quebradas' em comunidades pobres e carentes da presença do Estado tenderia a reduzir efetivamente a criminalidade ou apenas aumentar a sensação de segurança?"

— Os índices criminais nas comunidades carentes em geral não são tão altos em termos de roubos e furtos, pelo menos em locais que o tráfico é dominante. Os dados também não são confiáveis, devido coerção e pelo fato de, muitas vezes, a população não confiar na polícia. À medida que o Estado se mostrar presente, a tendência inicial é que esses índices aumentem, não necessariamente por ocorrerem mais crimes, mas pelo fato de a comunidade se sentir mais à vontade para se socorrer do Estado por meio da polícia.

"(5) Uma política do tipo 'janelas quebradas' produziria efeitos sobre as altas taxas de homicídio?"

— Sim. A maior presença policial e outros pontos já citados, embutidos tanto no programa Tolerância Zero quanto em sua filosofia, tendem a reduzir os homicídios.

"(6) Um policiamento agressivo do tipo 'Tolerância Zero' dirigido ao brasileiro médio com baixa capacidade de autogoverno, que tende a esperar pela ação do Estado antes de tomar iniciativa, com dificuldades de se reconhecer no outro e que tende a resolver seus conflitos mais por meio do uso da agressão do que da razão, tenderia a gerar mais ou menos violência?"

— A pergunta reflete o conhecido "complexo de vira-lata" rotulando o brasileiro. Para a implantação dessa política, é necessária a estratégia de abordagem, levando em consideração os diversos fatores já citados.

"(7) Uma política de polícia comunitária seria, ao invés, mais adequada? O que as UPPs nas favelas do Rio de Janeiro têm ensinado?"

— O programa Tolerância Zero não elimina a Polícia Comunitária, da mesma forma que o pai rigoroso não deixa de ser amoroso. Entender que o policiamento comunitário é um programa permissivo ou omissivo aos pequenos delitos é um erro que chegou a ocorrer durante a sua implantação. Sobre as UPPs, aprendemos de forma positiva, tanto como negativa. Não há como estabelecer qualquer programa de segurança pública sem a real e efetiva presença do Estado, não só com a polícia.

"(8) O Brasil dispõe de um sistema carcerário saudável para sustentar uma política do tipo 'Tolerância Zero'?"

— Não. O Brasil carece de uma reforma urgente e padronizada em seu sistema penitenciário.

Tolerância Zero nos estádios

Ao final do artigo que estamos comentando, Odon cita um trabalho de Gustavo Lopes Pires de Souza, em que este defende a teoria quando aplicada nos estádios de futebol.

> [...] aplicar a teoria das janelas quebradas aos estádios de futebol, com a pronta repressão a infrações menores, como cambismo, consumo de drogas e desrespeito em filas, e o zelo com as instalações físicas e as condições de higiene, para que o torcedor não se sinta estimulado a desenvolver comportamentos violentos[83].

O exemplo do futebol é algo interessante em que podemos observar um panorama do Brasil. Festa e comemoração, como o Carnaval, e que ninguém ousa ir contra, ainda mais perante os meios de comunicação. Um mercado que gera milhões, não só aos jogadores e aos clubes, mas à rádios, à TV e ao governo, que, aliás, esbaldou-se na Copa do Mundo de 2014, realizada no Brasil.

Os clubes não são empresas (tecnicamente); no Brasil, são associações sem fins lucrativos, utilizam a Polícia Militar e distribuem ingressos para as torcidas organizadas, que costumam cometer desordem e outros crimes.

Para se ter ideia, em grandes eventos futebolísticos na cidade de São Paulo, empresas de ônibus em determinadas linhas retiravam os cobradores, e torcedores utilizavam o ônibus gratuitamente. Bondade? Não. Antes dessa decisão, esses grupos de torcedores não pagavam de qualquer forma e ainda assaltavam os cobradores.

A violência nos estádios parece aceita. Já vimos diversas cenas na TV, algumas com mortes, uma pequena amostra do que acontece pelo país ano após ano e não é divulgado, ou do que o país assiste, mas não consegue resolver. Por sua vez, o verdadeiro torcedor, aquele que gostaria de levar sua família ao estádio, fica receoso e decide assistir aos jogos em casa.

Já foram tomadas várias decisões que surtiram pouco efeito, como impedir mastro de bandeiras, controlar a entrada de instrumentos musicais, faixas e até guarda-chuva de ponta. Proibiram também a venda de bebida alcoólica no interior dos estádios. Tudo isso era permitido décadas atrás e não havia essa violência. Interessante é que nos jogos da Copa do Mundo no Brasil, devido ao "Padrão FIFA", as bebidas alcoólicas foram liberadas e não houve policiamento dentro dos estádios, e mesmo assim não ocorreram incidentes. Isso prova que o problema não é o brasileiro, e sim o método.

Com o passar dos anos, foi havendo maior controle, bem como a punição dos clubes; em alguns casos, isso fez com que parte da violência saísse do interior dos estádios e migrasse para o lado de fora. Óbvio, o criminoso atua onde se sente à vontade, onde enxerga o manto da impunidade.

O debate político da segurança pública

Na conclusão do trabalho aqui comentado, Tiago Ivo Odon alerta para o perigo de importarmos sem critério programas de segurança pública de outras realidades políticas, culturais e socioeconômicas, que podem divergir da nossa e ter uma interpretação diferente da realidade, e acabarem usando para fins políticos. Finaliza ele:

> Nos dias de hoje, muitas políticas públicas de combate ao crime têm sido construídas de maneira a valorar o benefício político e a reação da opinião pública por cima do ponto de vista dos especialistas e das evidências científicas. Política exige uma ética de responsabilidade, já ensinou Max Weber. Políticos devem ser cobrados pelos resultados de suas decisões, e não por suas convicções[84].

O autor acertou em partes nesse ponto: nosso legislativo tende a legislar em benefício próprio, com objetivos políticos, muitas vezes sem saber exatamente o que está defendendo. Contudo, enxergamos uma mudança nessa mentalidade, principalmente nas últimas eleições. O debate sobre segurança pública ficou mais acirrado e encontramos pessoas que realmente entendem do assunto e podem debater com conteúdo. Basta que as propostas sejam apresentadas com honestidade, focadas no objetivo, sem "jabutis" embutidos e que, ao final, não sejam deturpadas por emendas.

No decorrer da obra fica claro o cuidado que devemos ter com o direcionamento das pesquisas e com os que são entendidos como "especialistas". Nesses casos, é comum a falta de debate e de confronto de ideias antagônicas apresentadas para que o espectador tire suas conclusões, algo fundamental para decisões democráticas.

Estratégias de implantação

Para que fosse possível a implantação de um programa de Tolerância Zero no Brasil, deveria ser realizado um profundo estudo do programa original e, principalmente, em uma adaptação para nosso país de acordo com nossa realidade, levando em consideração tudo o que foi explanado.

O programa nova-iorquino originalmente era municipal, mas seus conceitos poderiam ser ampliados. De qualquer forma, a primeira questão é se o programa seria instituído no Brasil na esfera federal, estadual ou municipal.

Para todos os casos, haveria a necessidade de adequação constitucional, o que poderia gerar alguns entraves. Obviamente, os opositores se adiantariam com ações perante o Supremo Tribunal Federal tentando impedir de pronto a aplicação do programa.

Com todas as questões expostas, percebemos as dificuldades que não só esse programa sofreria, como qualquer reforma sofre para ser colocada em prática. Dessa forma, o governante necessitará de uma forte base política para ter a aprovação em todas as câmaras e comissões.

Outra força que ajudaria muito, embora também possa ser volátil e não tão simples de conquistar, é o apoio popular. Seria de grande valia que o povo estivesse a favor e disposto a exigir de seus representantes a aprovação e a realização das ações. Não há nada que político mais tema do que o povo.

É preciso ter uma divulgação massiva dos benefícios e da própria natureza do programa, é necessário marketing. Embora sejam local de disseminação de *fake news*, as redes sociais facilitaram um pouco, tornando o debate mais amplo e verdadeiro, pois os meios de comunicação podem ser de difícil colaboração e um centro de difusão poderoso do "debate unilateral" contrário.

TOLERÂNCIA ZERO

Provavelmente, hoje em dia nenhum político teria a ingenuidade de acreditar no sucesso da implantação de um programa apenas por ser bom e prometer resultados promissores. Conseguir realmente implantá-lo parece ser a tarefa mais difícil. É comum a oposição pela oposição. Mesmo os que acreditam no sucesso do programa, se não forem se beneficiar de alguma forma com sua implantação, podem criar resistência. Para isso, faz-se necessária uma maioria ou boa negociação política.

Uma opção para implantar o programa em nível federal seria usando a mesma estratégia do Ministério da Justiça nos últimos dois anos: selecionando algumas cidades-piloto para fazer testes com algumas das medidas pontuais sobre segurança pública, podendo assim avaliar, corrigir e reproduzir resultados, o que também contribuiria para a conquista do apoio popular.

O Brasil possui extensão continental, englobando costumes, culturas e problemas diferentes. A concentração de poder que historicamente observamos é muito maléfica nesse sentido, engessando estados e municípios. Dessa forma, reduzir a implantação para o nível estadual já simplificaria, desde que com o apoio da União, pois, como foi dito, para isso são necessárias alterações legislativas. Por sua vez, os estados controlam suas polícias e podem fazer as alterações nos sistemas de atuação, como por exemplo, implantando o ciclo completo de polícia e deixando a Polícia Civil totalmente disponível para investigações, como comentamos no capítulo 10.

Se os governos estaduais começassem a implantar um programa dessa natureza aos poucos, por analogia, os governos municipais das grandes capitais poderiam também implantá-lo pouco a pouco nos bairros. As cidades não podem comportar grandes áreas urbanas sem nenhum policiamento, como ocorre nos morros cariocas e em diversas periferias do país. Não pode haver vácuo no poder. Onde o Estado se omite, o crime se organiza, fortalece-se e ganha até mesmo apoio da comunidade. Em todos os lugares deve haver patrulhamento constante das forças policiais; seus agentes devem ser conhecidos e vinculados às áreas em que atuam. Trata-se de um dos princípios da polícia comunitária: a comunidade conhecer e confiar no policial local.

Nenhum programa dará certo enquanto a polícia fizer incursões em determinadas regiões apenas "trocando tiros". O policiamento deve estar presente 24 horas por dia e sempre chegar quando acionado, até nas ocorrências consideradas banais. Se a polícia não vai, alguém ocupará seu lugar para resolver o problema. Da mesma maneira, é inacreditável que um oficial de justiça, um instalador de sinal de TV paga, um repórter, ou qualquer outro profissional ou agente público precise de autorização de um criminoso para subir o morro ou entrar em uma favela. Resolver essa realidade deveria ser prioridade do país, pois é um caso de segurança nacional que compromete até mesmo o nosso sistema democrático. Afinal, esses locais são verdadeiros currais eleitorais nos quais somente a propaganda política que interessa aos criminosos pode ser veiculada.

Abrindo pela força, tomando o território e com polícia instalada, como foi o que as UPPs do Rio de Janeiro deveriam ter feito, e daí estender às demais necessidades sociais da comunidade. O governo, tanto federal, estadual quanto municipal, deve estar à frente e conduzir as ações para o seu objetivo com justiça.

Ignorar essa questão e mesmo assim implantar o programa seria a coisa mais cruel que o governo poderia fazer, deixando essas áreas ainda mais à mercê do crime organizado, como se não fizessem parte da sociedade. Assim, enquanto os pequenos delitos seriam coibidos nas áreas nobres das cidades, o tráfico, execuções e demais submissões criminosas continuariam ocorrendo (como ocorrem) e sendo ignorados pelo Estado.

Em nível municipal, tal implantação seria muito mais delicada. Sendo do interesse do município que suas guardas tenham o poder de polícia, devem buscar a alteração do Art. 144 da Constituição Federal[85]. Outra questão grave que atinge o município é sua dependência do estado referente à arrecadação, coisa que os estados também sofrem perante a União.

Já seria um grande passo que as cidades tivessem verbas suficientes para manter uma guarda bem treinada, equipada e com efetivo suficiente. Sem esquecer que as escolas são importantíssimas nesse processo, pois educam os cidadãos do futuro.

Essas, bem como todas as relações de boa conduta, devem aos poucos se enquadrar na vida cotidiana do brasileiro até o dia em que finalmente retornaremos à cultura do respeito às autoridades, aos mais velhos, ao trânsito, à mulher, às religiões, ao voto, às leis e aos nossos semelhantes.

Conclusão

O programa de Tolerância Zero contra a criminalidade é, seguramente, tão relevante quanto são complexas a sua aplicação e adequação às políticas locais. Propostas simples para lidar com a violência não são nada além de populismo.

Meu interesse ao detalhar os princípios da teoria das janelas quebradas e a implantação do programa de Tolerância Zero em diversas cidades do mundo foi de oferecer material suficiente para que o leitor possa entender seus mecanismos e tirar suas próprias conclusões.

Contudo, seguindo uma série de dúvidas comuns que encontrei em minhas pesquisas, elaborei um resumo com as respostas a algumas delas:

1. A teoria das janelas quebradas serviu para a redução da criminalidade?

Sim, e pode ser aplicada em outras situações. Mais do que reduzir os índices criminais, serve como educação de cidadania, valoriza o cidadão individualmente e em grupo, dando sentido ao espírito comunitário.

2. O programa de Tolerância Zero foi o responsável pela diminuição dos índices de criminalidade em Nova York?

Sim. É claro que outros fatores aceleraram o processo, contudo muitos desses já faziam parte do programa, o que é ignorado por alguns críticos.

3. O programa de Tolerância Zero pode ser aplicado em sua íntegra no Brasil?

Na íntegra, não, devido a diversos fatores, mesmo se o projeto fosse sancionado como lei.

A primeira questão é a falta de autonomia dos municípios, o que impediria uma série de decisões. A questão econômica também tem muito peso, pois há a necessidade de grandes investimentos não só na segurança pública como também na área social.

De fato, a questão social é um problema mais sério no Brasil. Há um grande número de desabrigados, dependentes químicos, desempregados e menores abandonados que necessitariam de amparo antes de se cogitar uma eventual punição. Além disso, o caos no sistema penitenciário atual não resistiria ao aumento do número de prisões.

4. Mas se o conteúdo deste livro defende a teoria das janelas quebradas e o sucesso efetivo do programa Tolerância Zero, qual o motivo de não lutar por sua implantação no Brasil?

Por questão técnica e cronológica. Apesar da impossibilidade de implantação imediata do programa, o que defendo é a implantação da cultura que sustenta a teoria das janelas quebradas, dando importância à melhoria do ambiente e enxergando a necessidade de punir desde os pequenos delitos; obviamente sem ignorar os crimes mais graves.

O poder deve ser descentralizado, para que estados e municípios possam, de fato, ter mais autonomia, de acordo com um verdadeiro modelo federativo.

Os sistemas de polícia devem ser reformados, dando maior agilidade, priorizando a investigação, permitindo o ciclo completo de polícia e o foco na redução dos índices criminais. Já as áreas dominadas pelo crime organizado devem ser definitivamente retomadas pelo Estado, até mesmo por questão de igualdade, para que essas comunidades sintam-se inseridas e se tornem participativas.

Nossa legislação penal também deve ser alterada, e a prisão deve ocorrer no máximo após a decisão em segunda instância. A redução da maioridade penal deve ser levada ao plenário, para que a vontade do povo seja ouvida.

O sistema prisional precisa ser reformado por completo e padronizado, sendo os privilégios dos presidiários revistos e reduzidos. Os presos por crimes violentos devem ter restrição física a visitas, com controle total dos agentes. É necessário impedir a entrada de drogas, bloquear o sinal de celulares, controlar a programação de TV, enrijecer a disciplina e criar tantas vagas para detentos quanto forem necessárias.

Essa questão decorre da anterior, sobre a aplicação do programa na "íntegra". A problemática apontada aqui esclarece, em parte, a impossibilidade que mencionamos, o que não quer dizer que não se possa aplicar um programa semelhante de forma pontual, por exemplo, nos estádios de futebol.

Apesar de todo o exposto, a filosofia das janelas quebradas pode — e deve — ser implementada sempre.

* * *

Uma observação importante é que, ao contrário do que alguns possam pensar, não se trata de defender um Estado grande, mas um Estado forte e eficiente nas questões essenciais, como saúde, educação e segurança. Um Estado enxuto não quer dizer um Estado ausente, e sim mais eficiente.

A disciplina também não se contrapõe aos Direitos Civis, muito menos atenta contra os direitos individuais. O brasileiro é mais do que capaz de fazer suas próprias escolhas. Não necessita de um Estado paternalista que detenha o direito de entender o que é melhor ou pior para o seu povo, principalmente em costumes. Entretanto, esse mesmo cidadão tem responsabilidade sobre suas escolhas e, quando essas interferirem no direito alheio, caberá ao Estado interceder na forma da lei. O Estado, além disso, deve ser capaz de prevenir e coibir novas infrações. Trata-se, pois, de uma linha tênue que deve ser observada com cautela.

É preciso que a lei seja cumprida, que haja investigação, que autores de crimes sejam presos e que as penas sejam suficientes para inibir a prática delituosa. E o mais importante: que se encerre essa inversão de valores que parece ter tomado conta do país.

TOLERÂNCIA ZERO

Portanto, há um longo e árduo trabalho pela frente antes de implantar o programa que, mesmo se aplicado de forma incompleta, reduzida, já traria resultados excelentes que refletiriam diretamente na queda dos índices criminais e no bem-estar de toda a população. Não é preciso muita sorte e credulidade para ver que se trata de um caminho seguro e que traria resultados em curto, médio e longo prazos.

Mas é preciso coragem.

Notas

1 James Q. Wilson (1931-2012) foi um importante cientista político norte-americano, autor de livros e artigos acadêmicos nas áreas de ciência política e sociologia. Participou diretamente de diversos programas de políticas públicas. Recebeu vários prêmios e honras da Associação Americana de Ciência Política.

2 George L. Kelling (1935-2019) foi um criminologista norte-americano, professor universitário, membro do Instituto de Pesquisa de Manhattan e membro da Escola de Política John F. Kennedy da Universidade Harvard.

3 Pesquisadora e professora de Harvard, especialista em segurança pública.

4 CUMINALE, N. "Nova York também teve sua cracolândia. E conseguiu acabar com ela." Veja. 22 jan. 2012. Disponível em: <https://veja.abril.com.br/saude/nova-york-tambem-teve-sua-cracolandia-e-conseguiu-acabar-com-ela↗. Acesso em: 17 set. 2020.

5 William J. Bratton foi comissário de polícia em Nova York em duas ocasiões, de 1994 a 1996 e de 2014 a 2016. Também foi comissário em Boston (1993-1994) e em Los Angeles (2002-2009).

6 GERSTEIN, M. "New law means less prison for repeat drug offenders." The Detroit News. 28 dez. 2017. Disponível em: <https://www.detroitnews.com/story/news/politics/2017/12/28/michigan-law-drug-offender-parole/108976500↗. Acesso em: 27 set. 2020.

7 CANZIAN, F. "Cidade do México adota 'tolerância zero'." Folha de S.Paulo. 4 maio 2004. Disponível em: <https://www1.folha.uol.com.br/fsp/mundo/ft0405200406.htm>. Acesso em: 27 set. 2020.

8 EXAME. "Estas são as 50 cidades mais violentas do mundo." 6 abr. 2019. Disponível em: <https://exame.com/mundo/estas-sao-as-50-cidades-mais-violentas-do-mundo↗. Acesso em: 27 set. 2020.

9 BRAGA, A.; BOND, B. "Policing Crime and Disorder Hot Spots: A Randomized Controlled Trial." Criminology. Vol. 46. Ed. 3. pp. 577-607. 2008. Disponível em: <https://doi.org/10.1111/j.1745-9125.2008.00124.x>. Acesso em: 29 set. 2020.

TOLERÂNCIA ZERO

10 KEIZER, K.; LINDENBERG, S.; STEG, L. "The Spreading of Disorder." Science. Vol. 322, n. 5908. pp. 1681-1685. 2008. Disponível em: <http://hdl.handle.net/11370/ab583641-91bf-4a13-b0e5-9fbddce228f7>. Acesso em: 27 set. 2020.

11 KELLING, G.; SOUSA Jr., W. "Do Police Matter? An Analysis of the Impact of New York City's Police Reforms." Civic Report, n. 22. 2001. Disponível em: <https://media4.manhattan-institute.org/pdf/cr_22.pdf>. Acesso em: 1 out. 2020.

12 STERBENZ, C. "How New York City Became Safe Again." Business Insider. 20 ago. 2013. Disponível em: <https://www.businessinsider.com/criticism-for-giulianis-broken-windows-theory-2013-8>. Acesso em: 2 out. 2020.

13 O'KEEFFE, Z. P.; SULLIVAN, C. M. "Evidence that curtailing proactive policing can reduce major crime." Nature Human Behavior. Vol. 1, pp. 730-737. 25 set. 2017. Disponível em: <https://doi.org/10.1038/s41562-017-0211-5>. Acesso em: 2 out. 2020.

14 Ibid., p. 730.

15 HARCOURT, B.; LUDWIG, J. "Broken Windows: New Evidence from New York City and a Five-City Social Experiment." *University of Chicago Law Review*. Vol. 73, n. 1. 2006. Disponível em: <https://chicagounbound.uchicago.edu/uclrev/vol73/iss1/14>. Acesso em: 2 out. 2020.

16 Um detalhe importante difere a organização urbana das grandes metrópoles no Brasil e nos Estados Unidos. Enquanto no Brasil os bairros mais centrais tendem a ter melhores condições de infraestrutura e mais segurança que os bairros periféricos, nos Estados Unidos acontece o inverso. O que eles chamam de inner city ["cidade interior"] são áreas próximas ao centro, onde vive a população de baixa renda, em moradias degradadas. São regiões geralmente associadas a problemas socioeconômicos, falta de empregos e falta de segurança. Já o que chamam de suburbs ["subúrbios"] são as áreas das grandes cidades que ficam mais afastadas do centro, em geral totalmente residenciais, com maior infraestrutura urbana e mais segurança, onde vive a maioria dos trabalhadores. (N. E.)

17 HARCOURT, E.; LUDWIG, J. "Reefer Madness: Broken Windows Policing and Misdemeanor Marijuana Arrests in New York City, 1989-2000." Criminology & Public Policy. Vol. 6. pp. 165-181. 16 fev. 2007. Disponível em: <http://www3.law.columbia.edu/bharcourt/documents/marijuana-arrests.pdf>. Acesso em: 2 out. 2020.

18 Em estatística, reversão (ou regressão) à média é o fenômeno que ocorre quando, numa primeira medição, uma variável surge com um valor extremo (quase um ponto "fora da curva") e, depois, em uma segunda medição, tende a apresentar um valor mais próximo à média, de forma que, em espaços de tempos mais longos, os resultados tendem a se estabilizar.

19 SAMPSON, R. J.; RAUDENBUSH, S. W. "Systematic Social Observation of Public Spaces: A New Look at Disorder in Urban Neighborhoods." American Journal of Sociology. Vol. 105, n. 3. pp. 603-651. 1 nov. 1999. Disponível em: <http://crab.rutgers.edu/~goertzel/NeighborhoodCrime.pdf>. Acesso em: 7 out. 2020.

20 ROBERTS, D. E. "Foreword: Race, Vagueness, and the Social Meaning of Order-Maintenance Policing." The Journal of Criminal Law and Criminology (1973-). Vol. 89, n. 3. pp. 775–836. 1999. Disponível em: <https://scholarship.law.upenn.edu/faculty_scholarship/589>. Acesso em: 7 out. 2020.

21 SAMPSON, R. J.; RAUDENBUSH, S. W. "Seeing Disorder: Neighborhood Stigma and the Social Construction of 'Broken Windows'." Social Psychology Quarterly. Vol. 67, n. 4. pp. 319-342. 2004. Disponível em: <https://scholar.harvard.edu/files/sampson/files/2004_spq_raudenbush.pdf>. Acesso em: 7 out. 2020.

22 Ibid., p. 320.

23 KELLING, G. L.; BRATTON, W. J. "Why We Need Broken Windows Policing." City Journal. Inverno de 2005. Disponível em: <https://www.city-journal.org/html/why-we-need-broken-windows-policing-13696.html>. Acesso em: 8 out. 2020.

24 SAMPSON; RAUDENBUSH, op. cit., 2004, p. 321.

25 Ibid., p. 337.

26 O próprio título mencionado, Freakonomics, algo como "economia excêntrica", já mostra que os autores estão dispostos a defender teses polêmicas. Apesar das críticas, foi considerado o livro do ano pelo The Economist e livro destaque pelo The New York Times.

27 FREIRE, A. "Cabral defende aborto contra violência no Rio de Janeiro". G1. 24 out. 2007. Disponível em: <http://g1.globo.com/Noticias/Politica/ 0,,MUL155710-5601,00-.html>. Acesso em: 8 out. 2020.

28 KEIZER; LINDENBERG; STEG, op. cit., 2008.

29 Personagem do premiado filme Pixote: A lei do mais forte, de 1980. Após o filme, o ator que interpretou o personagem, Fernando Ramos da Silva, trabalhou na Rede Globo, mas foi demitido e retornou à criminalidade, sendo morto pela PM em 1987, o que gerou outro filme: Quem matou Pixote?, de 1996.

30 ESTADO DE MINAS. "Homicídios no Brasil têm prevalência de uso de arma de fogo e vitima mais jovens." 28 ago. 2020. Disponível em: <https://www.em.com.br/app/noticia/nacional/2020/08/27/interna_nacional,1180055/homicidios-no-brasil-tem-prevalencia-de-uso-de-arma-de-fogo-e-vitima-m.shtml>. Acesso em: 13 out. 2020.

31 NEWMAN, O. Defensible Space: Crime Prevention Through Urban Design. Macmillan, 1972.

32 Apesar de o ministro Luiz Fux ter entendido possível utilizar atos infracionais para justificar a prisão preventiva. (STF, Decisão monocrática. RHC 134121 MC.)

33 Lei de Execução Penal: Lei no 7.210, de 11 de julho de 1984, Arts. 122, 123, 124 e 125.

34 Constituição Federal: Art. 84, xii; Código Penal: Art. 107, II.

35 TSE: Resolução 23.219 de março de 2010, Art. 1º.

36 BONFANTI, L. "Eleições: quem são os presos que podem e não podem votar no Brasil." Justificando. 14 ago. 2018. Disponível em: <http://www.justificando.com/2018/08/14/eleicoes-quem-sao-os-presos-que-podem-e-nao-podem-votar-no-brasil↗. Acesso em: 14 out. 2020.

37 LEP Art. 112; Código Penal Art. 33.

TOLERÂNCIA ZERO

38 Lei no 9.099, de 26 de setembro de 1995: "Art. 89. Nos crimes em que a pena mínima cominada for igual ou inferior a um ano, abrangidas ou não por esta Lei, o Ministério Público, ao oferecer a denúncia, poderá propor a suspensão do processo, por dois a quatro anos, desde que o acusado não esteja sendo processado ou não tenha sido condenado por outro crime, presentes os demais requisitos que autorizariam a suspensão condicional da pena".

39 Lei no 2.848, de 7 de dezembro de 1940.

40 Lei no 12.403, de 4 de maio de 2011, que faz modificações ao Código de Processo Penal vigente.

41 Código Penal, Art. 14, II.

42 Com a aprovação da Lei Anticrime do então ministro Sergio Moro, a Lei no 13.964, de 24 de dezembro de 2019, que aperfeiçoa a legislação penal e processual penal, a pena máxima passa para quarenta anos.

43 THADEU, B. "Justiça converte prisão de cantor Renner em serviço comunitário." UOL. 21 ago. 2019. Disponível em: <https://noticias.uol.com.br/cotidiano/ultimas-noticias/2019/08/21/justica-converte-prisao-de-cantor-renner-em-servico-comunitario.htm>. Acesso em: 16 out. 2020.

44 Código Penal, Arts. 109 e 110.

45 PARA ENTENDER DIREITO. "Edmundo e por que às vezes matar três pessoas é melhor do que barrar um no restaurante." 16 set. 2011. Disponível em: <http://direito.folha.uol.com.br/blog/edmundo-e-porque-s-vezes-matar-trs-pessoas-melhor-do-que-barrar-um-no-restaurante> Acesso em: 15 out. 2020.

46 Constituição Federal, Art. 201.

47 Código Penal, Art. 23, II.

48 Código Penal, Art. 23, III.

49 Código Penal, Art. 140, § 3o.

50 FÜHER, Maximilianus C. A.; FÜHER, Maximiliano R. E. Resumo de Direito Penal (Parte Especial). 12. ed. Coleção Resumos, vol. 11. São Paulo: Malheiros Editores, 2011.

51 Código Brasileiro de Trânsito, Art. 303 § lo.

52 Dados do Conselho Nacional de Justiça. Acesso em: 29 abr. 2020.

53 MOURA, Rafael M.; RESK, Felipe. "Com mutirão e audiência de custódia, CNJ quer reduzir número de presos em 40%". UOL. 12 nov. 2018. Disponível em: <https://noticias.uol.com.br/ultimas-noticias/agencia-estado/2018/11/12/com-mutirao-e-audiencia-de-custodia-cnj-quer-reduzir-numero-de-presos-em-40.htm>. Acesso em: 19 nov. 2020.

54 Lei no 11.343, de 23 de agosto de 2006.

55 Art. 319 do CP — Retardar ou deixar de praticar, indevidamente, ato de ofício, ou praticá-lo contra disposição expressa de lei, para satisfazer interesse ou sentimento pessoal.

56 G1. "Haddad afirma que ação do Denarc na Cracolândia foi 'lamentável'". 24 jan. 2014. Disponível em: <http://g1.globo.com/sao-paulo/noticia/2014/01/

haddad-afirma-que-acao-do-denarc-na-cracolandia-foi-desnecessaria.html>. Acesso em: 20 nov. 2020.

57 G1. "Polícia prende 32 em operação contra 'QG' do tráfico na Cracolândia." 5 ago. 2016. Disponível em: <http://g1.globo.com/sao-paulo/noticia/2016/08/policia-prende-25-em-operacao-contra-qg-do-trafico-na-cracolandia.html>. Acesso em: 20 nov. 2020.

58 ASSOCIAÇÃO INTERNACIONAL DE REDUÇÃO DE DANOS. O que é Redução de Danos? Uma posição oficial da Associação Internacional de Redução de Danos. Londres, 2010. Disponível em: <https://www.hri.global/files/2010/06/01/Briefing_what_is_HR_Portuguese.pdf>. Acesso em: 20 nov. 2020.

59 Portaria do Ministério da Saúde nº 2.197/2004.

60 Portaria do Ministério da Saúde nº 1.059/2005.

61 Resolução do Conad nº 3/2005.

62 Código de Processo Penal. Art. 244: "A busca pessoal independerá de mandado, no caso de prisão ou quando houver fundada suspeita de que a pessoa esteja na posse de arma proibida ou de objetos ou papéis que constituam corpo de delito, ou quando a medida for determinada no curso de busca domiciliar". Já o Art. 249 preconiza: "A busca em mulher será feita por outra mulher, se não importar retardamento ou prejuízo da diligência".

63 Código de Processo Penal, Art. 301. "Qualquer do povo poderá e as autoridades policiais e seus agentes deverão prender quem quer que seja encontrado em flagrante delito."

64 LUCHETE, Felipe. "Juiz proíbe Guarda Municipal de abordar pessoas e investigar crimes". Consultor Jurídico. 2 ago. 2016. Disponível em: <https://www.conjur.com.br/2016-ago-02/juiz-proibe-guarda-municipal-abordar-pessoas-investigar-crimes>. Acesso em:

65 DOMINGOS, Rafael F. "Estatuto Geral das Guardas Municipais: análise dos dispositivos da Lei no 13.022/2014". Jus.com.br. ago. 2014. Disponível em: <https://jus.com.br/artigos/31004/estatuto-geral-das-guardas-municipais-analise-dos-dispositivos-da-lei-n-13-022-2014>. Acesso em:

66 Código Penal, Art. 330.

67 Código Penal, Art. 329.

68 LIMA, Roberto K. de. "Polícia, Justiça e Sociedade no Brasil: uma abordagem comparativa de modelos de administração de conflitos no espaço público." Revista de Sociologia e Política, n. 13. Curitiba. Nov. 1999. Disponível em: <http://dx.doi.org/10.1590/S0104-44781999000200003>. Acesso em: 20 nov. 2020.

69 Lei no 11.340/2006.

70 CONSULTOR JURÍDICO. "OAB quer derrubar Regime Disciplinar Diferenciado em prisões." 21 out. 2008. Disponível em: <https://www.conjur.com.br/2008-out-21/oab_fim_regime_disciplinar_diferenciado>. Acesso em: 20 nov. 2020.

71 ESTADO DE MINAS. "OAB pede ao STF fim do Regime Disciplinar Diferenciado." 21 out. 2008. Disponível em: <https://www.em.com.br/app/noticia/nacional/2008/10/21/interna_nacional,84450/oab-pede-ao-stf-fim-do-regime-disciplinar-diferenciado.shtml>. Acesso em: 20 nov. 2020.

TOLERÂNCIA ZERO

72 MARIZ, Renata. "Polícia assume escola em área violenta de Manaus e impõe rotina militar." O Globo. 29 jun. 2015. Disponível em: <https://oglobo.globo.com/sociedade/policia-assume-escola-em-area-violenta-de-manaus-impoe-rotina-militar-16590532>. Acesso em: 21 nov. 2020.

73 PLANK, Stephen B.; BRADSHAW, Catherine P.; YOUNG, Hollie. "An application of 'broken-windows' and related theories to the study of disorder, fear, and collective efficacy in schools." American Journal of Education, vol. 115, n. 2, pp. 227-247, 2008. Disponível em: <https://www.journals.uchicago.edu/doi/pdfplus/10.1086/595669>. Acesso em: 28 jan. 2019.

74 Lei no 11.340/2006.

75 Código Penal, "Art. 319. Retardar ou deixar de praticar, indevidamente, ato de ofício, ou praticá-lo contra disposição expressa de lei, para satisfazer interesse ou sentimento pessoal: Pena: detenção, de três meses a um ano, e multa".

76 COUTINHO, Jacinto N. M.; CARVALHO, Edward R. "Teoria das janelas quebradas: E se a pedra vem de dentro?". Sindicato dos Policiais Federais do Rio Grande do Sul: Em Pauta. 30 jul. 2015. Disponível em: <http://www.sinpefrs.org.br/site/teoria-das-janelas-quebradas-e-se-a-pedra-vem-de-dentro-por-jacinto-nelson-de-miranda-coutinho-e-edward-rocha-de-carvalho↗. Acesso em: 21 nov. 2020.

77 ODON, Tiago I. "Tolerância zero e janelas quebradas: sobre os riscos de se importar teorias e políticas." Senado Federal, Consultoria Legislativa. Brasília. 29 mar. 2016. Disponível em: <http://www2.senado.leg.br/bdsf/handle/id/519162>. Acesso em: 6 out. 2020.

78 ECK, John E.; MAGUIRE, Edward R., 2000, apud. ODON, 2016, p. 8.

79 Ibid., pp. 8-9.

80 ODON, 2016, p. 16.

81 Ibid., pp. 16-17.

82 Art. 65 da Lei no 9.605/98.

83 SOUZA, Gustavo L. P., 2013, apud. ODON, 2016, p. 17.

84 ODON, 2016, p. 18.

85 Constituição Federal, Art. 144, § 8o: "Os Municípios poderão constituir guardas municipais destinadas à proteção de seus bens, serviços e instalações, conforme dispuser a lei".

ASSINE NOSSA NEWSLETTER E RECEBA INFORMAÇÕES DE TODOS OS LANÇAMENTOS

www.faroeditorial.com.br

CAMPANHA

Há um grande número de pessoas vivendo com HIV e hepatites virais que não se trata. Gratuito e sigiloso, fazer o teste de HIV e hepatite é mais rápido do que ler um livro.

FAÇA O TESTE. NÃO FIQUE NA DÚVIDA!

ESTA OBRA FOI IMPRESSA EM ABRIL DE 2021